생각의
천재들

INSIGHT&VIEW

인사이트앤뷰는 책을 만들지 않습니다.
인사이트앤뷰는 독자의 미래와 부를 만듭니다.

생각의 천재들

초판 1쇄 발행 | 2022년 5월 10일

지 은 이 | 조병학·이소영
펴 낸 이 | 엄지현
기   획 | 이진희·한솔비
마 케 팅 | 전광우·권순민·오성권·강이슬
표   지 | 강수진
내   지 | 롬디
제작총괄 | 조종열
인   쇄 | 영신사
발 행 처 | (주)인사이트앤뷰
등   록 | 2011-000002
주   소 | 서울시 구로구 경인로 661
전   화 | 02) 3439-8489
이 메 일 | insightview@naver.com
유 튜 브 | https://www.youtube.com/c/머니클래스

ISBN 979-11-85785-47-9 03190

값 17,500원

＊잘못된 책은 교환해 드립니다.

생각의 천재들

조병학·이소영 지음

인사이트앤뷰

CONTENTS

천재들의 생각에 관한 생각

"과학과 음악은 다른 것일까, 그럼 수학과 미술은?"

"끝없이 계속되는, 그리고 멈출 수 없는 생각은 어디에서 오는 것일까?"

"같은 것에 대한 감각의 차이, 감성의 차이, 인식의 차이는 왜 발생하는 것일까?"

이 질문들은 이번 숲으로의 여행에서 우리가 얻고자 하는 핵심적인 과제들이다. 한번 생각해 보라. 생각은 누구나 한다. 그것도 한시도 멈추지 않고 의지가 있든 없든 계속되는 것이 생각이다. 심지어는 자면서도 생각은 계속된다. 잠에서는 오히려 현실의 경계까지 허물며 생각이 더 확장된다. 왜 그럴까? 그리고 이 멈출 수 없는 생각이 멈추면 무엇이 달라지는 것일까? 이런 많은 생각에 관한 해답을 찾는 것이 이 책의 목적이다. 특히 생각에 관해 면

밀하게 생각해 보지 않고 성인이 되었거나, 창조적인 아이디어에 몰두하고 있는 사람들에게는 이 여행이 더 없이 행복한 여정이 될 것이다.

생각에 관한 여행에 앞서 먼저 새롭게 정의하고 생각해 봐야 할 것이 있다. 첫째는 '안다Knowing'는 것과 '이해한다Understanding'는 것을 구분하는 일이다. '안다'는 것은 지금 독자의 머릿속 그대로 의 생각이 옳은 정의일 것이다. 하지만 '이해한다'는 것은 '안다' 는 것과 관계가 있으면서도 전혀 다른 것이기도 하다. 왜냐하면 '이해한다는 것'은 '아는 것'을 자기 것처럼 활용할 수 있어야 한다 는 것이고, 아는 대로 행동할 수 있어야 한다는 것이기 때문이다. 그냥 '아는 것'처럼 이성 속의 시냅스를 따라 저 먼 저장소에 가둬 진 기억의 일부가 되어서는 '이해하는 것'으로서의 '창조적 생각'

을 만들 수 없기 때문이다.

둘째, '창조적 생각'은 '무엇을 생각하느냐'에서 시작되는 것이 아니라 '어떻게 생각하느냐'에서 탄생한다는 것이다. 그리고 이 폭풍처럼 솟아오르는 생각을 이해하기 위해 중요한 또 다른 두 가지를 같이 알아야 한다. 그것은 바로 '오감'과 '감성'이다. 우리 가 세계를 인지하는 방법은 이렇다. 일차적으로 우리는 오감을 통해 세계를 받아들인다. 이 오감이라는 것이 모두에게 평등하면 좋겠지만, 사람마다 큰 차이가 있다. 사과를 상상해 보자. 이 사과의 색과 크기, 상상할 수 있는 맛과 향, 심지어는 손에서의 촉감과 씹어 넘길 때의 느낌, 과즙이 입 안에 퍼질 때의 기분, 이런 것들이 사람마다 어떻게 같을 수 있겠는가? 아마도 모든 사람의 오감이 같았다면 창조의 세계는 현미경으로도 보기 어려울 만큼 작았을 것이다.

이렇게 받아들인 세계는 모두가 가진 '감성'이라는 해석의 통로를 거쳐 '이성'에 전달된다. "아, 저 푸른색이 가진 신 맛. 그 맛은 약간 떫으면서도 입안에 가득 퍼지는 아삭함을 전혀 느끼지 못하게 만들 정도로 몸을 움츠러들게 하지." 이처럼 '감성'으로 해석된 신호는 다시 '이성'에 전해져 이 사과에 대한 논리적 추론과 명령을 이끌어낸다. "저 푸른 사과는 더 이상 쳐다볼 가치가 없어. 이제 그만 가던 길을 가자."

그런데 같은 사람일지라도 오감에 개입하는 감성에 따라 전혀 다른 해석이 내려질 수 있다. 시원하게 쏟아지는 빗줄기가 때로는 시원해 보일 수도 있고, 우울할 때는 자신의 마음속에 흘러내리는 눈물로 보일 수도 있다. 반대로 생각해 보자. 오감이 인지하는 세계가 매번 같은 것이라면 어떨까? 그리고 매번 같은 것을 인지할 때마다 항상 같은 해석을 내리는 감성을 또한 가지고 있다면 어떨까? 사실 우리는 항상 보고 있으면서도 보고 있지 않고, 생각하고 있으면서도 생각하지 않고 있다. 매일 앉아서 일하거나 공부하는 책상 위에서 작은 메모리 스틱이나 클립 하나를 찾지 못해 쩔쩔매던 기억이 있지 않은가? 그것을 누군가 "노트 옆에 있다."고 가르쳐주고 지나갈 때, 이걸 왜 보지 못했는지 자신의 눈을 의심해 보지는 않았는가?

셋째는 생각의 도구라고 할 수 있는 '언어'와 '이미지'에 관한 것이다. 우리가 무엇으로 사고하는지 한번 생각해 보자. 언어와 이미지가 아닌 것으로 사고할 수 있는가? 꿈을 꾸는 것도 마찬가지다. 이 두 가지가 아니면 사고는 불가능하다. 물론 소통의 수단도 이 두 가지다. 텔레비전은 어떤가? 움직이는 이미지든 움직이지 않는 이미지든, 이차원적인 이미지든 삼차원적인 이미지든, 이미지는 텔레비전의 핵심이다. 그리고 다른 한 가지는 소리를 가진 것이든, 소리를 가지지 못한 문자든 모두 언어다. 이 둘의 조합이 텔레비전의 소통방식이자 우리의 소통방식이다. 우리의 생각도 이 둘을 매개로 만들어지고, 전달되고, 축적되고, 축소되고, 확장된다.

　마지막은 '생각의 주체'에 관한 것이다. 스스로가 생각의 주체라고 생각하겠지만, 실제로 그런 경우는 드물다. 이 숲으로의 여행을 통해 내가 생각의 주체가 될 수 없는 상태는 아닌지 생각해보고, 상상력 넘치는 독자들이 '아는 것'을 행동할 줄 아는 '이해하는 것'으로 바꿨으면 한다. 그냥 보이기 때문에 보는 것처럼 아무렇지도 않게 행동하는 일상의 모든 것, 즉 보는 방법, 만지는 방법, 냄새 맡는 방법, 심지어는 생각하는 방법을 바꾸는 방법을 현명한 독수리들에게서 배울 수 있을 것이다. 마르셀 뒤샹Marcel Duchamp이라는 천재 화가 독수리는 후세들에게 이렇게 충고했다.

"당신이 보고 있는 것들에 관해 생각해 보라. 그리고 자신이 가장 생각하지 않는 것들에 관해 가장 많이 생각해 보라."

제1부

현명한
헤라를 찾아서

창조적 생각에 앞서

"하지만 그건 틀렸어요. 모른다고 말하는 것은 어려운 일이지만, 그렇게 말함으로써 누군가로부터 그것에 대해 배울 수 있는 기회가 생기게 되죠. 그러니까 자신이 모른다는 것을 남들이 아는 것이 부끄러운 일이 아니라, 모르고도 아는 척하는 것이 부끄러운 일인 거죠. 적어도 자신에게는 말이죠."

숲은 포식자를 알아본다. 그래서 대부분의 숲 속 식구들은 숲에 들어선 사람을 반기지 않는다. 그렇다면 무엇이 자연과 생명을 사랑하는 사람을 포식자로 보이게 하는 것일까? 그것은 눈이다. 이 포식자의 눈을 독수리도 가졌다. 사람이 없다고 하더라도 숲에는 생존을 위한 치열한 경쟁이 존재한다. 누군가는 먹잇감을 찾고, 다른 누군가는 먹잇감이 되지 않으면서도 먹잇감을 찾아야 하고, 찾았다 하더라도 빼앗기지 않아야 한다. 잘못되면 자신이 찾은 먹잇감과 똑같은 신세가 되기도 한다.

숲은 항상 고요하다. 하지만 무언가에 의해 그 정적이 날카롭게 깨지기도 한다. 그러나 곧 숲은 다시 정적으로 돌아간다. 마치 아무 일도 없던 것처럼. 숲은 사람들이 사는 도시와 정반대다. 시끄러운 도시의 일상은 숲의 고요함이고, 날카롭게 정적이 깨지는 소리는 도시가 잠드는 소리다.

이 숲은 평원만큼이나 오랜 세월을 견뎌왔다. 지금은 이 숲의 제왕이 되었지만, 독수리에게도 시련의 세월이 있었다. 오래 전 일이다. 유럽에서 건너온 이주민들이 평원의 늑대를 없애기 위해 독약을 마구 뿌려댄 것이 불행의 시작이었다. 처음에는 네브래스카 늑대가 죽어나갔지만 코요테, 까마귀, 독수리도 화를 피하지는 못했다. 결국 선택은 하나였다. 평원을 버리고 숲으로 들어가는 것이었다. 숲으로 들어온 독수리들은 시간이 한참 흐른 뒤에야 네브래스카 늑대가 멸종된 것을 알았다.

독수리는 네브래스카 주의 평원을 떠나 사람이 찾기 어려운 숲의 한 모퉁이에 등지를 틀었다. 저 멀리 절벽이 보이는 곳이었다. 그 절벽의 꼭대기 바위틈에는 놀라운 생명력으로 수백 년을 견뎌온 니사나무Nyssaceae 한 그루가 버티고 서 있었다. 숲의 상징이라고 할 수 있는 니사나무다. 숲의 중앙에는 레드우드Red-wood가 군락을 이뤄 숲의 존재가치를 말해주고 있었고, 미주리 강은 항상 숲으로 물의 기운을 전해주었지만, 가끔씩 먼 바다로부터 폭풍우를 끌어들여 숲을 시샘하기도 했다.

평원을 버리고 숲으로 들어온 이후, 수백 년 동안 독수리들은 자신들을 평원에서 몰아낸 사람들보다 더 현명해져야 했다. 그렇다고 과거에 독수리가 현명하지 않은 것은 아니었지만, 이 숲도 언제 사람들의 손에 넘어갈지 모르기 때문에 사람과 맞서기 위해서는 더욱 현명해져야 했다. 그것만이 생존을 보장하는 유일한 길이었다. 독수리들은 자신들의 지혜를 형제와 자식에게 전수했다. 이렇게 독수리들의 현명함은 계속 쌓여갔다. 어쩌면 독수리들은 똑똑하기보다는 배울 준비가 잘된 존재들이라고 해야 옳을 것이다.

오늘, 작은 독수리 한 마리가 또 다시 평원을 떠나 숲으로 들어왔다. 베라였다. 그도 인간들과 평원에서 공존하는 것이 더는 불가능하다는 것을 깨닫는 순간, 언제나 다른 독수리들이 그랬던 것처럼 숲으로 도망치듯 들어왔고, 이어 큰 독수리 헤라를 찾아 나섰다. 평원에서처럼 더 이상 쫓겨나지 않으려면 현명해지는 방법을 배워야 했기 때문이다. 현명해지기 위해 무엇이든 궁금한 것은 모조리 질문하고 배워야 하는 큰 과제가 베라 앞에 놓여 있었다.

작은 독수리 베라가 처음 큰 독수리 헤라를 보고 놀란 것은 큰 독수리가 암컷이 아니라는 사실이었다. 작은 독수리는 이름과 같은 것에 선입견을 가진 자신이 멋쩍기도 했지만, 남자 독수리에게 어울리지 않는 헤라라는 이름이 조금은 우습게 생각되기도 했다. 큰 독수리 헤라는 키 큰 미루나무에 둥지를 틀고 있었다. 이제부터 최선을 다해 아직은 미지의 세계인 큰 독수리의 '창조적 생각'을 배워야 한다는 사실이 약간은 두렵기도 하고 긴장되기도 했다. 사실 큰 독수리도 그랬었다. 그도 할아버지와 아버지에게 상당 기간 배워야 했고, 현명해지기 위해 상상할 수도 없는 노력을 쏟아부어야 했다. 현명함으로 통하는 문은 쉽게 열리지 않는다는 것을 큰 독수리 헤라도 그 모든 과정을 경험한 후에야 비로소 알게 되었다.

"헤라, 어떻게 하면 헤라처럼 그렇게 나이를 먹고 현명해질 수 있어요?"

"나이를 먹는다는 것과 현명해진다는 것은 달라요."

"그럼 왜 큰 독수리가 항상 작은 독수리를 혼내는 건가요?"

"잘못을 나무라는 것과 현명한 것도 다르죠."

"그럼 현명하지 못한 큰 독수리가 작은 독수리를 혼낼 수도 있다는 건가요?"

"바로 그거예요."

작은 독수리는 잠시 멍한 생각이 들었지만 차분하게 생각해보기로 했다. 결론은 간단했다. 현명하지 못한 큰 독수리가 작은 독수리를 혼낼 수도 있다는 것이었다. 그 말의 의미는 별로 기분 좋은 것은 아니었지만 그럴 수도 있겠다는 생각이 들었다.

"그런데 말이죠. 왜 현명하지 못한 큰 독수리가 작은 독수리를
혼내는 건가요?"

"하나씩 나눠서 생각해보죠. 처음에 베라는 내게 나이를 먹는
다는 것과 현명해진다는 것에 관해 물었어요. 그리고는 혼낸다
는 것에 관해 물었죠. 그렇죠?"

"맞아요."

"그리고 나는 나이를 먹는다는 것과 현명해진다는 것이 다른
것이라고 했죠?"

"그런 것 같아요."

베라는 도대체 무슨 얘기를 하려는 것인지 헷갈린다는 표정을
지으면서 사과나무에서 사과가 뚝 떨어지듯이 관심이 떨어진 것
같은 목소리로 대답했다. 그리고는 숲으로 들어오는 길에 만난
박쥐처럼 한 발로 나뭇가지를 움켜잡고 거꾸로 매달리는 연습을
했다.

"베라!"

큰 독수리의 목소리에 베라는 거꾸로 매달린 상태에서 바닥으
로 뚝 떨어질 뻔 했다. 태어나서 이런 목소리는 처음 들어봤다.

지난번 평원에 폭풍이 들이닥쳤을 때, 500년도 더 됐다는 고목나무에 벼락이 떨어지는 소리에도 이렇게 놀라지는 않았다. 큰 독수리의 목소리는 베라의 모든 깃털을 세울 수 있을 정도였다.

"네, 헤라."

"나는 지금 중요한 것을 가르쳐주려고 해요. 그런데 베라는 원하는 것만 골라서 배우려 하고 있어요. 그것마저도 기분에 따라 왔다 갔다 하면서 말이죠. 이런 태도로는 이 큰 숲의 많은 동물과 식물, 그리고 돌과 햇빛을 친구로 만들 수 없어요. 그러니 사람을 이기기는 더더욱 어렵겠죠? 그래서 내가 소리를 친 겁니다. 이제 혼난다는 것이 무엇인지는 알겠죠?"

"네."

"누구나 출발은 똑같아요. 하지만 우리와 우리 주변을 잘 이해한다는 것은 결코 쉬운 일이 아니에요. 그래서 더 열심히 배워야 하는 겁니다."

"네. 그런데, 헤라! 왜 큰 독수리는 항상 작은 독수리를 혼내는 건가요?"

"그래요, 혼내는 것은 대개 나이 많은 큰 독수리가 하죠. 그리고 혼난다는 것은 거의 작은 독수리의 몫이죠."

"맞아요. 제가 묻는 게 그거예요."

베라는 지금까지 한 얘기가 그것이고, 아직 한 걸음도 더 나아가지 못했다는 불만을 목소리에 아주 조금 섞었다. 그런데 큰 독수리의 표정에 별 다른 변화가 없었다. 그게 무슨 문제인지 모르겠다는 표정이었다.

"베라, 그런데 이게 나이를 먹는 것과 무슨 관계죠?"

"어른들이 혼낸다고 헤라도 말했잖아요. 큰 독수리는 작은 독수리보다 나이가 많죠? 그러니까 나이가 많다는 것은 혼낼 수 있다는 것이고, 그것은 큰 독수리가 작은 독수리보다 현명하기 때문에……"

작은 독수리가 말끝을 흐렸다. 그렇게 현명하다고 알고 있던 큰 독수리가 오늘은 메뚜기처럼 신통치 않아 보이기도 했고, 자신도 놀랄 만큼 대단한 논리를 만들어냈다는 뿌듯함이 부리 끝에서 전해져 왔기 때문이기도 했다.

"그러니까 큰 독수리가 현명하기 때문에 혼낼 수 있다는 건가요?"

"그런 것 아닌가요?"

"안다는 것과 이해한다는 것은 다른 거예요."

"네?"

작은 독수리는 무슨 소린지 전혀 알아들을 수 없었지만, 큰 독수리가 뭔가 중요한 것을 이야기하기 시작했다는 것을 직감했다.

"숲으로 들어오면서 봤는지 모르지만, 이 숲의 중앙에 있는 레드우드 군락 한 가운데에 100m도 넘는 키와 대단한 잎을 가진 니사나무 한 그루가 있어요."

"네, 봤어요. 그 니사나무는 우리 독수리들이 가진 대단한 생각의 힘과 크기를 보여주는 나무라고 들었어요. 니사나무는 더 많은 줄기와 잎을 만들기 위해 더 진지하게 생각해야 하고 그렇게 되면 더 많은 줄기와 잔가지 그리고 잎을 갖게 되고, 생각을 더 잘 할 수 있게 된다고 들었어요."

"잘 알고 있군요. 정말 현명한 니사나무죠. 하지만 안다는 것과 이해한다는 것은 서로 다른 거예요."

"……"

"자, 베라. 이제부터는 우리 할아버지, 그리고 할아버지의 아버지, 그리고 그 아버지의 아버지들이 알려주신 '생각을 키우는 방법'을 가르쳐주도록 할게요. 물론 나도 베라를 가르치면서 생각을 더 키울 수 있게 될 거예요."

큰 독수리는 아버지에게서 이런 것들을 배우던 시절을 회상했다. 꼭 35년 전 일이었다. 어쨌든 그 가르침 이후로 큰 독수리는 현명하다는 소리를 자주 듣게 됐다. 스스로도 놀라운 일이었다.

"좋아요."

"질문 없나요?"

없다고 대답해야 할 것 같은데, 사실 지금 큰 독수리하고 한 대화는 도대체 무슨 말들을 주고받은 것인지조차 알 수 없었다. 작은 독수리는 용기를 냈다.

"죄송한데요. 사실 아까 한 헤라의 말이 무슨 말인지 하나도 모르겠어요."

"어떤 것을 모르겠다는 거죠?"

"전부 다요. 나이를 먹는다는 것, 현명해진다는 것, 안다는 것, 이해한다는 것, 그리고…… 혼낸다는 것도요."

"알고 있어요."

"네? 무엇을 알고 있다는 거죠?"

"베라가 모르고 있다는 거요. 그걸 말해주기 전에 꼭 알아야 할 것이 있어요. 부끄러움에 관한 것이죠."

"부끄러움요? 창피한 것을 말하는 건가요?"

"맞아요."

"그럼, 지금부터 질문을 할 테니 대답해 봐요."

"그럴게요."

"모른다는 것은 부끄러운 일일까요?"

"그런 것 같아요. 무언가에 대해 모른다는 사실을 스스로 알게 됐을 때, 얼굴이 벌겋게 되거든요."

"그럼, 모른다고 말하는 것은 부끄러운 일일까요?"

"부끄러운 일이라고 다른 독수리들이 생각할 거라고 생각해요."

"그럼, 모른다는 것을 다른 독수리들에게 말하고, 그 모르는 것에 대한 자기 생각을 말하는 것은 부끄러운 일일까요?"

"모른다는 것을 말하게 되면, 다른 독수리들이 내가 모른다는 사실에 대해 부끄러운 일이라고 생각할 텐데, 그 모르는 것에 대한 자신의 생각까지 말한다는 것은 아주 어색한 일이라고 생각해요."

작은 독수리는 시원시원하게 답했지만 어려운 질문이라는 생각이 들었다. 대답을 할 수 있었던 것만으로도 만족스럽다는 생각이 스쳐 지나갔다.

"모른다는 것은 부끄러운 일일 수도 있어요. 하지만 우리 독수리들이 세상의 모든 것을 다 알 수는 없는 것이니, 모르는 것이 있다고 부끄러워 할 일만은 아니에요."

"네. 그런 것 같아요."

"그런데 말이에요. 다른 독수리들은 모른다는 것을 말하거나, 남들이 자신이 모른다는 것을 아는 것을 더 부끄러워해요. 그렇지 않아요?"

"맞아요."

"하지만 그건 틀렸어요. 모른다고 말하는 것은 어려운 일이지만, 그렇게 말함으로써 누군가로부터 그것에 대해 배울 수 있는 기회가 생기게 되죠. 그러니까 자신이 모른다는 것을 남들이 아는 것이 부끄러운 일이 아니라, 모르고도 아는 척하는 것이 부끄러운 일인 거죠. 적어도 자신에게는 말이죠."

"그러니까 모르는 게 부끄러운 일이 아니라, 어떻게든 그것을 알려고 하지 않는 것이 부끄러운 일이라는 얘기죠?"

"바로 그거예요."

한 가지가 명쾌해졌다. 왜 큰 독수리를 현명한 독수리라고 했는지 이제 슬슬 감이 잡히기 시작했다. 질문은 새로운 질문이나 새로운 생각을 낳는 법이다. 작은 독수리가 그랬다.

"그럼, 지금은 잘 모르지만, 잘 모르는 그것에 대한 생각을 말하는 것은 부끄러운 일이 아니겠네요?"

"그럼, 당연하죠."

"이렇게 잘 모르는 것에 대한 자기 생각을 말하게 되면, 그것을 잘 아는 독수리들이 더 많은 것을 알려주거나 틀린 부분을 고쳐주겠죠?"

"맞아요. 그렇게 평생토록 배워가는 거예요. 하지만 한 가지 명심할 것이 있어요. 그것은 자신이 잘 모르고 있다는 것을 먼저 다른 독수리들에게 말하는 거예요. 그래야 설령 틀린 말을 한다 해도 그것을 비난할 수 없겠죠?"

"그러니까 안다는 것, 모른다는 것, 모른다고 말하는 것을 명확하게 하라는 말이군요."

큰 독수리는 시작이 아주 좋다는 생각을 했다. 아주 먼 옛날, 자신이 아버지에게서 놀라운 생각의 방법을 배울 때보다 더 영리한 독수리를 만났다는 생각이 들었다.

"그럼, 혼낸다는 것은 뭐죠?"

"잘 모르겠어요. 하지만 제 생각에는 거기에 잘잘못을 판단하는 기준이 들어가 있는 것 같아요."

"맞아요. 잘못된 일에 대해 혼나는 거죠. 그 나머지는 칭찬받을 일이고요."

"하지만 어른이 혼내잖아요?"

"어른이라기보다는 더 많이 경험하고 그것에 대한 명확한 기

준을 가진 독수리에게 혼나는 것이고, 혼낸다는 것은 상대방을
사랑한다는 의미이기도 하죠."

"아까 제가 혼난 게 헤라가 저를 사랑한다는 표현을 했다고 얘
기하는 건가요?"

그 사랑의 크기가 너무 커서 미루나무 꼭대기에서 떨어질 뻔
했다는 당황스런 표정으로 작은 독수리가 물었다. 하지만 대답
은 뜻밖이었다.

"그 정도로 나의 사랑을 표현할 수는 없어요."

"뭐, 그렇다고 받아들이죠."

"중요한 것은 사랑하지 않는 사람을 혼내는 경우는 별로 없다
는 거예요."

"그럼, 잘못을 그냥 무시해버리나요?"

"무시하거나 비난만 하고 말죠. 혼낸다는 것은 비난보다는 앞
으로의 개선에 더 무게를 두고 있다는 점이 다르겠죠."

"그럼, 어른이기 때문에 혼낸다는 것은 잘못된 생각이었네요."

"자신이 틀렸다는 것을 인정하지 않으면 배울 수 없다는 것을
금세 깨달았네요."

"그러니까 모른다거나 틀렸다거나 하는 것을 스스로 인정하고
배우려 하지 않으면 현명해질 수 없다는 거죠?"

"그래요."

"그럼, 아무리 나이를 먹어도 배우지 않으면 현명해질 수 없겠네요?"

큰 독수리는 작은 독수리가 정말 잘 알아듣고 있다고 느꼈다. 하지만 겉으로는 스스로 과신하지 않도록 독수리 특유의 근엄한 표정을 계속 지어야겠다고 생각했다.

"그래요. 그럼 나이를 먹는다는 것과 현명해진다는 것, 그리고 혼낸다는 것이 뭔지 잘 알겠네요?"

"그러고 보니 제가 답을 다 찾은 것 같아요."

"내가 말한 생각의 크기는 그렇게 커지는 거예요."

작은 독수리는 스스로 답을 찾은 것으로 자신감을 부쩍 키운 것 같았다. 약간은 흥분되고 나른해지는 느낌이, 들판의 토끼를 발견하고는 하늘에서 빙빙 돌다가 순식간에 토끼를 덮칠 때의 흥분과 비슷했다. 이런 종류의 자신감은 첫 사냥에 성공했을 때의 쾌감과도 비교할 만했다. 하지만 작은 독수리는 아직도 '안다는 것'과 '이해한다는 것'의 차이에 관해 어떤 생각도 떠오르질 않았다. 역시 이럴 때는 큰 독수리가 가르쳐 준대로 모른다고 말하는 것이 좋겠다는 생각을 했다. 그리고는 어떻게 물을까에 대해 한참을 생각했다.

"'안다는 것'과 '이해한다는 것'은 어떻게 달라요?"

작은 독수리는 질문을 참 잘했다는 생각을 했다. 자신이 모른다는 것을 말하지 않고도 모른다는 것을 표현하는 질문을 한 것이 기뻤다. 현명한 독수리에게 어울리는 질문이었다.

"니사나무와 우리 독수리를 비교해 보죠. 독수리에게 '안다는 것'은 우리 머리의 시냅스Synapse에 연결된 신경세포인 뉴런Neuron에 뭔가를 저장하는 것이에요. 이것은 니사나무가 그냥 잎의 한 구석에 다시 꺼낼 수 있도록 무엇인가를 저장한다는 뜻이에요. 그 잎을 생각해 봐요. 그 잎이 어떤 경우에는 또 다른 생각의 실마리가 되어주기도 하지만 줄기가 꺾이면 잎이 마르고 결국은 떨어져서 기억을 꺼낼 수 없게 되기도 해요."

"그럼 이해한다는 것은요?"

"이해한다는 것은 생각의 잎 한 구석에 저장하는 것, 그 이상의 것들을 해야 한다는 의미예요."

"네? 그 이상의 것은 또 뭐예요?"

뭔가를 시냅스에 연결된 뉴런에 저장하는 것, 그 이상의 것은 무엇일까? 안다는 것이 그것을 저장하는 것이고 그걸 꺼내볼 수 있다는 것인데 '무슨 할 일이 남은 것일까?'하는 의문이 계속됐다.

"숲 중앙의 니사나무를 한 번 봐요."

"레드우드로 둘러싸인 저 앞에 보이는 니사나무요?"

"그래요. 현명한 니사나무예요. 저 니사나무가 어떻게 생겼죠?"

"음…… 니사나무는 큰 줄기를 중심으로 작은 줄기들이 좌우로 뻗어 있어요. 좌우라고 하지만 사실은 큰 줄기를 360도로 돌면서 작은 줄기들이 나와 있죠. 그 작은 줄기들을 다시 360도로 돌면서 가지들이 나와 있고, 그 가지에서도 작은 가지들이 나와 있어요. 그 작은 가지는 더 작은 가지를 만들기도 하고, 잎이 붙어 있기도 해요."

"맞아요. 잎이 무성할 때는 작은 가지는 보이지도 않을 정도로 풍성하죠."

"그런데 그게 이해한다는 것과 무슨 관계인가요?"

"그 잎이 하는 일은 우리가 알게 된 것을 뉴런에 저장하는 것과 같은 일이죠. 작은 가지나 줄기는 생각을 연결하고 전달하는 시냅스구요."

"그런데요?"

"하지만 이해한다는 것은 생각을 저장한 잎을 키우는 것이고, 햇빛과의 광합성을 통해 만들어진 영양분을 다른 잔가지나 줄기에도 나눠줄 수 있어야 한다는 의미예요."

"놀랍네요."

'이해한다는 것Understanding'은 그냥 '아는 것Knowing'에 그쳐서는 안 된다는 의미였다. '아는 것'을 새로운 생각을 만드는 데 사용할 수 있어야 한다는 것이었고, 더욱 더 큰 생각의 실마리를 만들고 연결하는 데 써야 한다는 것이었다.

"그럼 내가 설명한 '이해한다는 것'의 의미를 말해볼 수 있겠네요."

"알 것 같아요. 안다는 것은 마치 우리 독수리들이 미주리 강에서 펄떡이는 잉어를 잡아먹고 남은 것을 둥지에 그냥 저장해 두는 것과 같아요."

"'이해한다는 것'은?"

"하지만 '이해한다는 것'은 잉어를 잡아 저장하는 목적이 가뭄이 계속되어 잉어를 잡을 수 없는 경우를 대비하거나, 아주 가끔이지만 사냥에 실패한 작은 독수리에게 나눠주기 위한 것과 같아요."

"오!"

작은 독수리는 잠시 머뭇거렸다. 이건 분명 칭찬으로 해석해도 좋은 소리였지만, 조금 더 기다려보기로 했다.

"그리고 꼭 알아야 할 것이 있어요. '안다는 것'이 '이해'의 출발점이라는 것. 그리고 또, '이해한다는 것'은 '아는 것'이 많다고 생기는 것은 아니라는 것이에요. 마지막으로 '이해한다는 것'은 반드시 행동해야 한다는 의미이기도 해요."

"무슨 행동을 하나요?"

"이해한대로 행동하고, 생각해내고, 또 행동하고, 그리고 또 생각해내고……"

"어쨌든 머릿속에 담아두는 것만으로는 안된다는 건가요?"

"그래요. 그런데 오늘은 해가 왜 이렇게 어두운 거죠?"

"헤라, 저건 달이에요."

큰 독수리는 점점 잠에 빠져들고 있었지만, 독수리의 위엄을 잃지 않으려고 계속 발가락에 힘을 주고 있었다.

01

오감, 세상을 보는 새로운 눈

왜 보는 것은 중요한 것일까? 그것은 같은 것을 다르게 인지하는 방법이기도 하고, 다른 것을 같게 인지하는 방법이기 때문이다. 그래서 모든 것을 본다고 한다. 듣는 것을 '들어 본다'고 하고, 먹는 것을 '먹어 본다'고 한다. 심지어는 '느껴 본다', '냄새 맡아 본다'고 한다. 본다는 것은 세계를 내 속에 들여놓는 과정이며, 내가 세계에 들어가는 과정이다.

벌써 숲에 들어온 지 두 달이 지났다. 그동안 작은 독수리는 숲에 적응하기 위해 많은 노력을 했다. 특히 평원에서보다 훨씬 고난도의 사냥을 위해 새롭게 써머솔트 다이빙을 배우기 시작했다. 평원에서는 확 트인 곳에서 토끼를 잡거나 코요테가 남긴 음식을 찾아내는 게 전부였지만, 이곳에서는 모든 것을 스스로 해결해야 했다. 특히 구릉지에서 마모트Marmot를 잡기 위해서는 하늘을 빙빙 돌다가 엄청난 속도로 내려오는 기술이 가장 필요했다. 정신없이 구멍을 들락거리는 마모트를 단번에 잡아채기 위해서는 평원에서의 사냥기술이 크게 도움이 되질 못했다.

"내 써머솔트 다이빙 메모장, 헤라가 치웠어요?"

"아닌데요."

"이게 어딜 간 거지? 분명히 지난주에 그레이스 선생님과 수업하고 가지 사이에 꽂아 두었는데…… 분명 여기 어딘데, 이상하네."

한참을 찾았는데도 메모장이 보이지 않자 작은 독수리는 화가

났다. 하지만 화를 내야 할 상대가 바로 자신이라는 것을 알게 된 순간부터는 스스로가 한심해졌는지 날개로 머리를 쥐어박는 동작을 연거푸 했다.

"베라, 발밑에 있는 큰 잎사귀 근처를 봐요."

"찾았다! 아니, 이게 왜 안보였지?"

"안 보인 건가요, 아니면 안 본 건가요, 그것도 아니면 못 본 건가요?"

"네?"

작은 독수리의 목소리가 멋쩍게 들렸다. 큰 독수리의 질문은 지난주 써머솔트 다이빙을 그레이스 선생님에게서 배울 때, "500m도 넘는 하늘에서 마모트가 드나드는 구멍 옆을 지나가는 메뚜기도 알아볼 수 있어야 한다."는 호통을 생각나게 만들었다. 사실 그렇게 높은 하늘에서 풀 잎 사이로 지나가는 메뚜기를 찾아낸다는 것은 결코 쉬운 일이 아니었다. 이런 기술은 멧새 정도가 흉내 낼만한 묘기가 절대 아니었다.

"어떤 거죠?"

"안 보인 거예요."

"안 보였다면 베라의 메모장을 누가 감추기라도 했다는 건

가요?"

작은 독수리는 순간적으로 대답을 잘못한 것 같다는 생각을 했다. 분명 메모장은 지난주 수업이 끝난 후 돌아와 꽂아둔 위치에 정확하게 있었다. 단지 그걸 제대로 찾지 못했을 뿐이다.

"아니, 못 본 것 같아요."

"왜 못 봤는데요?"

"그냥…… 다른 것들도 있고……"

"내 생각에는 안 본 것 같은데요."

"헤라, 못 본 게 맞지 안 본 건 아니에요. 헤라도 제가 얼마나 열심히 찾고 있었는지 아시잖아요?"

작은 독수리는 큰 독수리의 말에 동의하고 싶지 않았다. 열심히 찾은 것 또한 사실이었다. 그런데도 이것을 큰 독수리는 '안 봤다'고 했다.

"누가 보는데요?"

"저요."

"맞아요. 그럼 안 보였다는 것은 틀린 거네요. 무언가를 찾기 위해, 그러니까 목적을 갖고 눈으로 본다는 것은 그냥 보이거나 안 보이거나 하는 것하고는 다른 거죠?"

"그러네요, 스스로 열심히 찾았으니까 '안 보였다'는 말은 잘못된 것이네요."

"그래요, 보는 것의 주체는 바로 자기 자신이에요. 그러니 안 보였다는 말은 적당하지 않죠. 그럼 못 본 건가요, 아니면 안 본 건가요?"

"제 생각에는 못 본 게 맞는 것 같아요."

작은 독수리는 계속 이런 걸 따지는 게 이해할 수 없다는 표정을 지어 보였다. 어떤 때는 말을 하는 것보다 표정이 훨씬 더 느낌이나 생각을 잘 전달해주기도 한다.

"눈이 없었으면 어떻게 했을까요?"

"네?"

"눈이 없었으면 어떻게 메모장을 찾으려고 했을지 물은 거예요."

"그럴 땐, 아마도 날개로 잎 사이사이를 더듬었을 거예요. 힘이 들긴 하겠지만 이쪽에서 저쪽 끝까지, 모든 줄기 사이와 잎 사이를 하나씩 더듬어 나갔을 거예요. 그러면 처음 메모장을 둘 때의 위치를 날개 끝의 촉감으로 기억할 수 있을 거예요. 느낌이 오기 시작하면 그 근처에서는 더 신중하게……"

"바로 그거예요."

"뭐가요?"

"촉감."

"촉감이요?"

"메모장의 냄새는 기억하나요?"

"네. 죽은 삼나무 껍질로 만든 것이라 삼나무 냄새가 나죠. 사실은 곰팡이 냄새도 조금 섞인 것 같은 냄새죠. 하하, 사실 제가 선생님의 말씀을 날카로운 발톱으로 받아 적으면서 '내 발냄새도 섞이겠구나'하는 생각을 했었어요."

작은 독수리는 대답을 하면서도 지금 왜 발냄새와 같은 이야기를 큰 독수리와 해야 하는지 갸우뚱해질 수밖에 없었다.

"그럼 베라는 발냄새가 섞인 삼나무 메모장을 눈으로만 찾은 거네요?"

"그런 셈이죠."

"혹시 메모장이 미루나무의 잎들과 부딪혀서 나는 조금 특별한 소리는 들어 봤어요?"

"그런 소리로 어떻게 메모장을 찾아요?"

"글쎄요. 그럴 수도 있고 아닐 수도 있겠죠."

작은 독수리는 큰 독수리가 무엇을 말하려고 하는지 종잡을 수 없었다. 오늘 큰 독수리와의 대화를 생각해 보니 그레이스 선생님이 가르쳐주는 숲 독수리들만의 써머솔트 다이빙 연습 시간에 오늘은 갈 수 없을지도 모른다는 생각이 들었다. 선생님은 써머솔트 다이빙을 아주 옛날에 할아버지 독수리들이 부엉이를 보고 배웠다고 했다. 하지만 지금은 부엉이의 써머솔트 다이빙과는 다른, 독수리들만의 우아한 비행이 되었다. 지금 작은 독수리는 그걸 배우는 중이다.

"베라, 자신의 눈을 본 적이 있어요?"

"호수에 비친 걸 몇 번 봤지만 그냥 평범한 독수리의 눈이라고 생각했어요."

"사람의 눈을 본 적은 있어요?"

"네, 여러 번 봤어요."

"호랑이의 눈은요?"

"봤죠."

"부엉이 눈은요?"

"봤죠."

"들소의 눈은 봤나요?"

"물론 봤죠."

"메추라기의 눈은요?"

"당연히 봤죠. 메추라기 맛은 별로지만 간식 정도로는 괜찮죠."

"독수리, 사람, 호랑이, 부엉이, 들소, 메추라기 눈의 차이가 뭐죠?"

"차이요? 다 다르지 않나요?"

"그럼 독수리, 사람, 호랑이, 부엉이 눈의 공통점은 뭐죠?"

"글쎄요."

"들소와 메추라기 눈의 공통점은요?"

"음……"

작은 독수리는 혼란스러워졌다. 도대체 큰 독수리가 무엇을 묻고 있는지조차 이해하기 어려웠다. 오히려 많은 동물의 눈에서 큰 독수리가 무엇을 찾으려고 하는 것인지 그것이 더 궁금해지기 시작했다.

"독수리나 사람, 호랑이, 부엉이의 눈은 포식자의 눈이에요."

"그거야 알죠. 항상 뭔가를 찾아서 잡아먹는 게 우리들의 일상이죠."

"아뇨. 베라는 내 말을 전혀 이해하지 못하고 있어요."

"뭘 이해하지 못했다는 거죠?"

"잘 생각해 봐요. 이들의 눈은 두 개가 마치 쌍안경처럼 작동해요. 그래서 머리의 전면부에 가깝게 배치되어 있어요."

"그래서요?"

"사람의 눈을 생각해 봐요. 머리의 앞쪽에 붙어 있어요. 부엉이도 그래요."

"그러고 보니 호랑이도 머리의 앞쪽에 눈이 있네요. 우리
는……"

"우리도 마찬가지죠. 메추라기하고 비교해봐요. 메추라기
에 비해 훨씬 앞쪽에 붙어 있어서 먹잇감을 응시하도록 되어 있
어요."

"놀라워요."

그랬다. 이런 눈이어야만 대상에 정밀하게 초점을 맞추고 추
적할 수 있었다. 더 놀라운 것은 사람의 눈이 포식자의 눈이라는
사실이었다. 사람은 근본적으로 무서운 존재라는 걸 증명해주는
큰 독수리의 말이었다. 결국 사람 때문에 숲으로 도망쳐 온 자신
을 생각하자 온몸에 소름이 돋았다.

"들소의 눈을 한번 생각해 봐요."

"눈이 머리의 양 옆으로 배치되어 있어요."

"왜 그렇죠?"

"좌우로 더 많은 것을 보기 위해서 아닌가요?"

"개구리는 어떻죠?"

"개구리도 주변을 잘 볼 수 있도록 되어 있어요."

"토끼는요?"

"토끼도 주변을 더 잘 볼 수 있도록 눈이 머리의 옆에 붙어 있어요."

"그렇죠. 이들의 눈은 살기 위해 주변을 경계하는 것이 첫 번째 목적이에요."

"그러니까 포식자들이 자신을 노려보는 것을 알아채거나, 쫓아올 경우 어느 방향에서 쫓아오는지 더 빨리 알아내기 위해 최대한 범위를 넓게 봐야 한다는 거죠?"

"맞아요."

작은 독수리는 사냥하는 순간들이 떠올랐다. 한 번도 심각하게 생각해 본 적은 없었지만, 사냥하기 위해서는 먹잇감의 눈을 피해야 했다. 최대한 멀리서 응시하고 그들이 보지 못하는 방향에서 덮쳐야 했다.

"우리 숲 가장자리의 가장 높은 곳에 있는 니사나무를 봐요."

"어떤 거요? 절벽 위에 혼자 서 있는, 가장 높은 곳의 키 큰 니사나무요?"

"그래요, 저 니사나무에 대해 들어본 적 있어요?"

사실 작은 독수리는 저 니사나무 근처에 딱 한 번 가봤다. 이 숲에 들어온 이후로 절대 가서는 안 된다고 귀가 따갑도록 들은, 흰머리독수리가 둥지를 튼 그 나무다. 흰머리독수리는 너무 잘

보기 때문에 가까이 가서는 안 된다고 했다. 게다가 평원에서 이사 온 우리 검독수리들을 별로 좋아하지 않는다고 했다. 하지만 그 흰머리독수리를 가까이 보고 싶어서 먼발치까지 간 적이 있었다. 나뭇가지를 움켜쥐고 좌우를 살피는 커다란 흰머리독수리의 눈과 마주쳤을 때는 정말 온몸이 얼어붙는 것 같았다.

"흰머리독수리가 사는 니사나무 맞죠?"

"그래요. 그 나무를 말하는 거예요."

"그 니사나무는 우리들이 가면 안 되는 나무 아닌가요?"

"난 그 나무에 가보자고 말하는 게 아니에요."

"네……"

"하지만 그 나무를 배울 필요는 있어요."

"좋아요. 그런데 그 니사나무로부터 뭘 배우죠?"

"세상을 보는 눈요."

"세상을 보는 눈요? 좀 전에 말한 그런 눈인가요?"

"아뇨, 전혀 다른 눈이에요."

"하지만 저 니사나무는 눈도 없잖아요?"

작은 독수리는 큰 독수리가 니사나무의 눈에 대해 잘못 말했다고 생각했다. 하마터면 웃음이 팍 터져 나올 뻔했다.

"바로 그거예요. 니사나무는 눈이 없어요. 하지만 세상을 가장 잘 볼 수 있는 눈을 가지고 있어요. 그걸 배워야 해요. 세상을 보는 눈 말이에요."

작은 독수리는 지난번처럼 여러 가지 해결 못한 숙제들이 머릿속을 뱅뱅 돌고 있다는 것을 알아차렸다. 큰 독수리는 처음에 촉감으로 메모장을 찾는 방법을 묻다가 소리로 찾는 방법을 물었다. 그러더니 이번에는 다시 눈 이야기로 돌아갔다.

"저 니사나무는 이 숲에서 일어나는 모든 것을 알고 있어요. 겨울이 와서 앙상한 가지만 남았을 때는 더 예민해져서 겨우내 잠을 자는 개구리들의 숨소리도 들을 수 있다고 해요."

"하지만 그건 듣는 거잖아요?"

"맞아요, 듣는 것이죠. 하지만 보는 것이기도 해요."

"그럼 헤라는 보는 것과 듣는 것이 같다고 말하는 건가요?"

"그래요. 왜 그런지 제가 할아버지에게서 들은 이야기를 해 줄게요. 할아버지도 할아버지의 아버지에게서 들은 이야기라고 했어요."

"궁금해요. 빨리 얘기해주세요."

작은 독수리가 식욕을 느낀다는 표정을 지으며 독촉했다. 독수리들이 먹을 것이 아닌 다른 것에 식욕을 느낀다는 것은 세상을 알아간다는 의미이기도 했다.

"저 니사나무는 150년쯤 전에 지금 살고 있는 저 흰머리독수리의 할아버지와 약속을 했다고 해요. 저 흰머리독수리가 태어나기도 전이죠. 흰머리독수리의 손자 독수리가 태어나서 다 자라 청년이 되면 니사나무에 둥지를 트는 대신 손자 독수리가 니사나무의 눈이 되어주기로 약속한 거죠. 청년이 된 독수리가 비행을 마치고 돌아오면, 본 것들을 니사나무에게 말해 주는 대신 둥지를 가질 수 있도록 한 거죠. 그래서 저 니사나무는 이 숲의 모든 것을 저 독수리에게서 듣게 되었어요."

"정확하게 말하면 보게 된 것이 아니라 듣게 된 거군요."

순간 작은 독수리는 큰 독수리가 말한 '보는 것'과 '듣는 것'이 같다는 의미를 이해할 수 있을 것 같았다. 하지만 아직 정확하게 무어라 표현하기는 어렵다는 생각도 했다.

"그래요. 원래 저 니사나무는 흰머리독수리가 오기 전부터 아주 훌륭한 촉감을 가지고 있었어요. 숲을 지나온 바람만 만져도 숲에서 일어난 작은 소동을 알아차릴 수 있었으니까요. 현명한 독수리들이 깃털 끝을 스치는 바람만으로도 이것이 폭풍우가 몰려오는 것인지, 아니면 저 숲 밖에서 사람들이 소리를 질러서 그 바람이 여기까지 오는 것인지를 알 수 있는 것처럼 말이죠."

"그럼 저 니사나무는 이 숲을 가장 잘 아는 나무가 되었겠네요?"

"그런 셈이죠. 게다가 현명하기까지 해요."

"그건 또 무슨 말이죠?"

지난번에도 숲의 중앙에 있는 아주 생각이 깊은 니사나무에 대해 들었었다. 이런저런 생각을 해 보니 니사나무들은 생각의 대가라는 판단이 들었다. 작은 독수리는 갑자기 니사나무가 부러워졌다.

"저 덩치 크고 힘센 흰머리독수리 말인데요. 마흔 살 정도가 되면 부리가 늘어지고, 깃털도 무거워지고, 무엇보다 발톱이 너무 길어져서 사냥은커녕 날기도 어려워져요. 그러다가 지쳐서 굶어죽게 되죠."

"아니에요. 저 흰머리독수리하고 여기서 만난 사크라 독수리하고 같은 해에 태어났다고 들었어요. 그러니 이제 쉰 살도 넘었을 텐데요?"

"맞아요. 어쨌든 청년이던 흰머리독수리 부부가 마흔 살이 되어 굶어죽게 되었을 때, 니사나무가 살 수 있는 방법을 가르쳐줬다고 해요. 니사나무 뿌리 밑의 절벽 바위를 쪼아 부리를 갈아내고, 바위틈에 발톱을 꽂아 부러뜨려 날카롭게 다듬고, 흰머리독수리 부부가 서로 상대방의 무거운 깃털을 뽑아주도록 한 거죠. 물론 발톱이 통째로 뽑히기도 했어요. 어쨌든 그때부터 흰머리독수리들은 다시 사냥을 할 수 있게 되었고 30~40년을 더 살 수 있게 되었어요."

"와우!"

"나도 가까이 갈 수가 없어서 발톱을 부러뜨리는 모습을 보진 못했어요. 하지만 대단하지 않아요? 그래서 저 흰머리독수리들은 고마운 니사나무의 열매까지도 지켜주고 있어요. 그러니 니사나무의 시큼한 열매를 다람쥐들이 맛본다는 건 불가능하죠."

큰 독수리의 말에 작은 독수리는 갑자기 궁금한 것이 생겼다.

"나이를 먹는다는 것과 현명해진다는 것 말인데요."

"그건 지난번에 배웠잖아요?"

"그게 아니고…… 새 친구 리베가 그러는데 절벽 위의 니사나무보다 백 살이나 많은 튤립나무가 올 가을에 불어 닥칠지도 모르는 폭풍우에 대해 니사나무에게 물어봤다고 하더라구요."

"왜요?"

"아름다운 꽃이 망가지면 안되니까요."

"어쨌든 그 튤립나무는 현명한 거예요. 나이를 떠나 현명한 상대에게 모르는 걸 묻고, 그래서 알게 되고, 대비할 수 있잖아요."

작은 독수리는 이제 좀 알 것 같았다. 하지만 곧바로 다시 혼란스러워졌다.

"혜라, 그런데 보는 것, 듣는 것, 느끼는 것, 이런 것들과 현명한 것은 무슨 관계죠?"

큰 독수리는 드디어 작은 독수리가 한참을 돌아서 중요한 깨달음의 직전에 도달했다는 것을 알아차렸다. 큰 독수리는 양 날개를 천천히 귀 밑으로 들어올려서 힘차게 두어 번 퍼덕거렸다. 숲 속의 공기는 이미 차가워져서 퍼덕이는 소리가 빠르게 숲 속을 지나갔다. 동시에 독수리의 날개 퍼덕이는 소리를 들은 들쥐들이 사방으로 흩어지는 모습이 작은 독수리의 눈에 들어왔다. 작은 독수리는 아주 천천히 고개를 돌리며 그 모습을 바라보았다.

"보는 것, 듣는 것, 느끼는 것 이외에도 우리가 세상을 알 수 있는 방법이 두 가지 더 있어요."

"알아요. 맛과 냄새죠?"

"맞아요. 그럼 그중에서 베라는 어떤 걸 가장 많이 쓰고 있나요?"

"글쎄요."

큰 독수리는 대답이 빨리 나오는 경우보다 좀 천천히 나오는 경우에 더 나은 대답을 기대할 수 있다는 것을 알고 있었다. 여유가 필요한 때였다.

"그게 항상 같지는 않은 것 같아요."

"토끼를 잡으러 갈 때는 어떻게 하죠?"

"그야 물론 눈을 먼저 사용해요. 아…… 아니에요. 느낌을 먼저 작동시켜요. 물론 머리도 같이요. 버섯바위 근처나 연못 뒤편 중 어디에 더 많은 토끼가 있는지 느껴 보죠. 하지만 그건 생각한다는 것하고는 좀 다른 것 같아요. 비슷하기도 하지만요. 오늘처럼 바람이 산등성이를 타고 넘어오면 토끼 냄새도 맡을 수 있어요. 냄새까지 맡게 되면 느낌이 더 확실해져요. 그다음은 눈으로 확인해야죠. 이제 비행이 시작되는 거죠. 그 후로는 토끼들이 놀라서 달아나는 소리도 들리죠. 아, 토끼의 그 부드러운 맛……"

"하하. 그 '부드러운 맛'은 왜 튀어나온 거죠?"

"잡는 순간 머리가 멍해질 것 같은 그런 맛을 느낄 수 있다는 거죠."

"그럼, 베라는 토끼를 잡는 데 모든 감각을 다 사용하는 거네요. 그렇죠?"

"그러고 보니 그랬네요. 한 번도 생각해 보지는 않았지만."

큰 독수리는 이제 생각을 정리할 때가 다가오고 있음을 느꼈다. 하늘에 밝은 별이 하나 빛나기 시작하는 것을 보니, 독수리들의 밤이자 인간들의 밤이 곧 시작될 모양이었다.

"우리 독수리들은 이렇게 다섯 가지 감각을 통해서 세상을 알 수 있어요. 하지만 대부분의 독수리는 이 다섯 감각을 사용하는 법을 잘 몰라요. 게다가 하나를 사용하더라도 그것을 집중해서 사용하는 방법을 모르죠."

"니사나무가 느낌으로 숲에서 일어나는 일을 다 알게 되는 것처럼요?"

"맞아요. 니사나무는 독수리를 통해서 엄청난 시력으로 숲을 꿰뚫어 볼 수 있게 되었어요. 아마도 숲 밖에서 불어오는 거대한 폭풍우도 다 내려다보고 있을 걸요. 그 이전에도 니사나무는 현명했지만, 지금은 그 방법을 더 발달시켜서 그 누구도 니사나무의 현명함을 따라갈 수 없어요."

이 대목에서 작은 독수리는 갑자기 갸우뚱해졌다. 너무 갸우뚱한 느낌을 온몸으로 표현하려다가 바닥으로 곤두박질칠 뻔했다.

"그러니까, 그거요. 현명하다는 것, 그걸 이해하지 못하겠어요."

"왜 다섯 가지 감각을 발달시켜야 현명해지느냐는 걸 묻는 건가요?"

"정확하게 그거예요."

작은 독수리는 큰 독수리가 자신을 다 꿰뚫어보고 있다는 걸 느꼈다. 심지어는 새벽 일찍 일어나서 혼자 먹은 마모트바비큐도 들킨 것 같았다. 큰 독수리는 아침에 마모트바비큐를 먹으면 마모트들이 먼저 우리 독수리들의 냄새를 맡게 된다고 주의를 준 적이 있다. 그 독특한 바비큐 냄새를 큰 독수리가 모를 리 없다는 생각에 이르자 그냥 아무 말도 없는 지금이 더 좋은 상황이라는 생각이 들었다.

"그럼 이렇게 되면 어떨까요?"

"어떻게요?"

"모두가 똑같아지는 것."

"뭐가요?"

"다섯 가지 감각이요. 모두가 감각이 똑같다면?"

"모두가 똑 같은 생각을 하겠죠."

"바로 그거예요."

"뭐가요?"

"현명해진다는 것이요."

"네?"

"현명해진다는 것은 남들이 보지 못하는 것을 보거나, 남들이 듣지 못하는 것을 듣거나, 남들이 맡지 못하는 냄새를 맡거나, 남들이 느끼지 못하는 것을……"

이러다가는 밤이 오고, 다시 해가 떠서 아침이 밝아도 끝날 것 같지 않았다. 작은 독수리가 잽싸게 틈을 파고들었다.

"그렇게만 되면 현명해지는 건가요?"

"아니요."

이제는 배에서 개울물이 흐르는 소리가 들리는 것 같았다. 하지만 아니라는 큰 독수리의 말에 바로 묻혀 버렸다.

"현명해지지 않는다면 무엇 때문에 다섯 가지 감각을 발달시키죠?"

"현명해지기 위해서."

"감각을 발달시켜도 현명해지지 않는다면서요?"

"하지만 현명해지려면 감각을 발달시켜야 해요."

"혜라가 하는 말이 무슨 말인지 정말 모르겠어요."

이렇게 자신 없고 맥 빠진 적은 처음이었다. 다 잡았다가 놓친 토끼를 코요테들이 가로챘을 때도 이렇게 맥이 빠지진 않았다.

"요리를 생각해 보죠."

"요리요?"

"그래요. 마모트바비큐를 만든다고 생각해 봐요. 저기 보이는 핫테이션과 쿨테이션 두 음식점 중에 어디가 더 음식을 잘하죠?"

"그거야 왼쪽에 있는 핫테이션이죠."

"왜 그런가요?"

"두 군데 다 정말 빠르고 정성을 다해 요리를 만들죠. 옆에서 셰프가 요리하는 걸 보고 있으면 놀라워요. 칼질하는 속도며, 양념을 넣는 것도 정확하고, 누구도 그릇 하나 깨트리질 않아요. 하지만 핫테이션 마모트바비큐와 쿨테이션 마모트바비큐를 비교하면, 쿨테이션 마모트바비큐는 아직 핫테이션을 따라잡으려면 멀었죠."

"그래서 다섯 감각을 발달시켜야 하는 거예요."

"네?"

"핫테이션이나 쿨테이션 셰프 모두 요리에 대해서는 어느 정도 일가견이 있다고 할 수 있어요. 칼질하거나 그릇을 다루는 솜씨도 둘 다 아주 좋죠. 하지만 내가 생각해도 쿨테이션은 핫테이션을 따라가려면 아직 멀었어요."

"맞아요."

작은 독수리는 맞장구를 쳤지만, 친절했던 쿨테이션 셰프에게 미안한 생각이 들었다.

"이렇게 생각해 보자고요. '현명한 독수리'를 아주 요리를 잘하는 셰프라고 가정해요. 그리고 다섯 가지 감각을 발달시키는 것을 칼질하거나 조리도구를 다루거나 하는 능력이라고 하는 겁니다. 그럼, 요리를 아주 잘하는 독수리 셰프 중에 칼질을 잘 못하거나 그릇을 자주 깨먹는 그런 셰프가 있을까요?"

"그런 셰프는 없을 것 같아요."

"그럼 왜 현명해지려면 오감을 발달시켜야 되는지도 알겠네요?"

"오! 알았어요. 정말 놀라워요."

그토록 이해할 수 없었던 골칫거리가 한 번에 풀렸다. 사람이 쳐놓은 그물에 걸려 배배 꼬인 줄이 한 번에 풀리는 것과 비슷했다.

"다른 것들도 마찬가지예요. 얼마 전에 숲 모퉁이에서 자동차를 운전하는 사람을 본 적이 있다고 했죠?"

"네. 먼지를 엄청 일으키는 괴상한 녀석을 한 사람이 올라타더니 시끄럽게 몰고 가더라고요."

"그럼, 그 '몰고 간다'는 것에 대해 생각해 봐요. 어떤 사람은 자동차 사용법을 하나씩 기억해서 몰고 다닌다고 가정해요. 정지 상태에서 가속폐달을 20% 밞으면 5초 후엔 시속 40km 속도가 나는 것을 기억하고 운전하는 거죠. 다른 사람은 5초 후에 시속 40km 속도를 내려면 가속폐달을 어떻게 밞아야 하는지를 안다고 생각해 봐요."

"누가 운전을 잘하는지를 묻는 건가요?"

"그래요."

"두 번째 사람이라고 말하려는 거죠? 그 사람은 이미 '안다는 것'을 '이해한다는 것'으로 만든 사람이죠. 이건 너무 쉬워요."

질문한 사람의 의도를 미리 알고 답을 했다는 생각에 작은 독수리는 우쭐해졌다.

"요리로 다시 돌아가 볼까요? 쿨테이션에서 신메뉴로 내놓은 토끼바비큐 기억나요?"

"그럼요. 쿨테이션 셰프가 건너 숲에 사는 멋쟁이 셰프 테이스타에게서 배운 거라고 한 말이 기억나요."

"어땠어요?"

"솔직히 맛은 별로였어요."

"그 요리 잘하는 셰프 테이스타의 비법을 적어 와서 그대로 만든 거라고 했는데, 무엇 때문에 생긴 일이죠?"

"그것이 '아는 것'과 '이해하는 것'의 차이겠죠. 쿨테이션 셰프는 요리법을 알게는 되었지만, 아직 이해하지는 못한 상태였던 것 같아요."

"그것은 또한 쿨테이션 셰프가 토끼바비큐를 만드는 데 오감을 동원하지 못하고 있다는 것이기도 해요. 첫 번째 운전하는 사람과 같은 경우죠. 이처럼 세상을 보는 감각을 발달시키지 못하면 멋진 결과물을 만들어낼 수 없어요. 아까 베라가 찾던 메모장을 생각해 봐요."

"보고 있으면서도 보지 않고 있고, 느끼고 있으면서도 느끼지 못하고…… 그런 거죠?"

작은 독수리는 처음으로 자신을 제대로 돌아보았다.

"다른 독수리들은 둥지 안도 제대로 보질 않아요. 아마도 둥지 안에 까마귀가 똥을 싸고 도망을 가도 모를 거예요. 대부분의 독수리들은 그 지독한 냄새가 누구 냄새인지도 모를 정도로 무감각하죠. 베라라면 어떻게 할 거죠?"

"먼저, 누가 그랬는지 알아낼 거예요. 똥의 형태나 냄새, 먹었던 음식으로도 누군지 알 수 있다고 들었어요. 그리고 옆집 독수리들에게 무슨 소리를 듣지는 않았는지도 물어볼 거예요. 그러면 누가 언제 이런 짓을 했는지 알게 되겠죠. 그다음에는……"

"하하하. 까마귀들 큰일 났네요."

근엄한 표정의 큰 독수리가 이렇게 웃는 것은 드문 일이다. 드디어 독수리들의 밤이 깊어질 모양이다.

02

이성, 과거에 숨은 미래

"나는 지금껏 완전한 인간이 만들어낸 음악이 아니면 관심도 두지 않
았다. 완전한 인간이란 자신의 전 감각과 정신적 능력과 지적 장비로
무장한 사람을 일컫는다."

– 이고르 스트라빈스키Igor Stravinsky

"베라, 그 니사나무 말이에요."

"무슨 니사나무요? 흰머리독수리가 사는 저 니사나무요?"

"맞아요, 그 니사나무를 옛날에 할아버지와 함께 찾아간 적이 있었어요."

작은 독수리가 놀랍다는 표정을 지으려 했는데 그보다 먼저 자동으로 날개가 올라가 M자가 만들어지고 눈이 동그랗게 됐다. 사실 M자는 흰머리독수리에게 어울리는 글자고, 작은 독수리에게는 m자가 적당하다. 작은 독수리는 큰 독수리를 보고 침을 꼴깍 삼켰다.

"저 니사나무를 자세히 봐요. 좌측과 우측의 모양이 어때요?"

"음…… 거의 비슷하지만 다르네요. 좌측 잎들은 한 방향으로 가지런하고, 줄기의 길이나 굵기도 비슷해요. 물론 그 줄기마다 붙은 잎들의 크기나 양도 비슷해요. 게다가 바람이 불면 물결치듯 움직이는 모습도 거의 비슷해요."

"우측은 어때요?"

"하지만 우측은 달라요. 설명하기는 어렵지만, 무질서해 보이고 잎의 크기나 줄기의 굵기, 길이도 다 제각각이에요. 방향도 정말 제각각으로 자랐어요."

큰 독수리는 날개로 작은 독수리의 등을 한 번 툭 쳤다. 작은 독수리의 등에 큰 독수리의 날개가 닿았을 때, 작은 독수리는 직감적으로 그것이 그냥 움직이다가 부딪힌 것이 아니라 긴장하고 계속하라는 의미가 담겨있다는 것을 알았다. 하지만 계속하기에는 오감에 정보가 너무 부족했다.

"바람이 부니까 좌측 잎들이 속삭여요. 부스럭거리는 소리가 좌측 잎들 사이에서 규칙적으로 계속 쏟아져 나오고 있어요. 그리고 점점 그 소리가 커져 우측 잎들에게도 전달되고 있고, 이제는 우측 잎들이 부스럭거리며 마구 소리를 지르고 있어요. 우측 잎들의 소리는 모두가 제각각이라 무슨 소린지 통 알 수가 없어요."

그랬다. 오감에 정보가 부족하고 뭔가 날카롭거나 번뜩이거나 할 것이 없다고 생각한 순간 새로운 것이 잡혔다.

"계속 봐요."

작은 독수리는 한 순간도 놓치지 않으려고 최선을 다했다. 독수리가 최선을 다하면 얼마나 무서워지는지 들쥐나 토끼, 마모트들은 잘 안다. 독수리가 최선을 다할 때 그 시선을 따돌리고 살아남는 것은 불가능하다. 그걸 지금 작은 독수리가 하고 있는 것이다.

"좌측 잎들은 마치 두더지 잡는 걸 연습하는 기계가 움직이는 모습하고 흡사하게 움직여요. 각각의 두더지들이 독수리에게 잡히지 않으려고 계속 땅 속에서 고개를 내밀었다가 순식간에 땅 속으로 사라지는 것을 반복하는 것처럼 보여요."

"우측은요?"

"우측의 잎들은 아직 제각각 부스럭거리며 소리를 지르고 있어요. 그런데…… 자세히 보니 아니에요. 전체를 보면 우측 잎들은 무슨 파도를 만들어내는 것처럼 하나의 흐름을 만들고 있어요. 소리가 커질 때는 파도가 잎사귀 사이로 밀려들어가는 것처럼 움직여요. 각각이 부스럭거리는 것처럼 보이지만, 실제로는 큰 파도를 만드는 것처럼 보여요. 저런 건 처음 봐요."

처음 본다고 말한 것이 옳은 것인지 작은 독수리는 생각해 봤다. 그랬다. 전에도 이와 비슷한 걸 본 적이 있었겠지만 그걸 눈여겨 본 적은 없었다. 그러나 오늘은 그 모든 것이 신기하게도 눈에 들어왔고 궁금해지기 시작했다.

"아, 흰머리독수리가 집을 고치기 시작했어요."

"베라, 이건 아주 큰 폭풍우예요."

작은 독수리는 큰 눈을 더욱 동그랗게 만들어서 큰 독수리를 쳐다봤다. 큰 독수리는 아주 천천히 고개를 돌려 작은 독수리를 내려다봤다.

"헤라, 그걸 어떻게 알아요?"

"뭘요?"

"아주 큰 폭풍우가 온다는 거요."

큰 독수리는 한 쪽 발에 힘을 주어야만 했다. 그새 바람이 휑하니 독수리들의 미루나무를 할퀴고 지나갔기 때문이다. 작은 독수리도 잠시 휘청했지만 독수리의 체면이 구겨질 정도로 움직이진 않았다. 대신 두 발에 힘을 주고 한쪽 발톱을 미루나무의 가지 틈에 밀착시켰다.

"저 니사나무의 왼쪽 잎들과 오른쪽 잎들은 하는 일이 달라요. 왼쪽 잎들은 흰머리독수리가 말한 것, 지나가는 바람, 동물들의 소리, 햇빛, 바람의 느낌과 온도를 듣고 느껴서 기억해 둬요. 베라가 토끼나 잉어를 잡기 위해 써머솔트 다이빙을 연습하고 그 순서를 왼쪽 머리에 기억해두는 것과 마찬가지죠."

"그게 좀 전에 말한 폭풍우하고 무슨 관계죠?"

"그전에, 베라는 써머솔트 다이빙을 배운 뒤부터는 토끼를 발견하면 어떻게 행동하죠?"

갑자기 작은 독수리의 눈이 햇빛보다 더 밝게 빛났다. 자신감이 충만해지면 늑대, 사람 그리고 독수리의 눈은 빛나게 되어 있다. 큰 독수리가 설명한 포식자의 눈이다.

"일단 움직임을 자세히 살펴봐요. 얼마나 빠른 놈인지, 누군가 덮칠지도 모른다는 생각을 조금이라도 하고 있는지, 뭘 찾느라고 저렇게 움직이는지, 주변에 다른 놈들이 같이 오지는 않았는지, 뭐 이런 것들을 종합해야죠. 이게 행동하기 전에 필수라고 배웠어요."

"그래요. 그 다음은요?"

"판단을 해야죠. 하나씩 눈에 보이는 정보들을 꺼내서 배운 것과 비교해 봐야죠."

"그래서요?"

"만약 그 토끼 녀석의 속도가 느리고 경계하시 않는다면 주변을 시끄럽게 할 다른 마모트 같은 것들이 있는지, 조금이라도 눈치를 채지는 않았는지 살펴봐야 해요. 그 다음엔 좀 더 다가갈 것인지, 다가오길 기다릴 것인지를 판단해서 행동으로 옮겨야죠."

"바로 그거예요."

"네, 그게 뭔데요?"

이럴 때마다 작은 독수리는 큰 독수리가 황당해 보이기도 하고, 존경스러워지기도 했다. 사실 큰 독수리도 마찬가지였다. 잘 나가다가 아무것도 이해하지 못했다는 투로 질문을 하는 작은 독수리를 보면 그 다음을 어떻게 풀어가야 할지 막막해지곤 했다.

"니사나무의 왼쪽 잎들은 독수리에게는 능숙한 써머솔트 다이빙이죠."

"뭐라고요? 니사나무가 다이빙이라도 한다는 건가요?"

"이런…… 내 말은 우리 독수리들이 열심히 배우고 경험한 걸 바탕으로, 능숙하게 판단해서 단 한 번의 실수도 없이 토끼를 잡는 것처럼 저 니사나무도 폭풍우가 온다는 것을 단 한 번의 실수도 없이 알아차린다는 거예요."

"그런데 니사나무가 폭풍우가 온다는 걸 알았다는 걸 혜라는 어떻게 알았어요?"

"지금까지 베라가 보고 말한 것을 내 왼쪽 머리가 기억하고 있었죠."

작은 독수리는 약간 멍해졌다. 독수리는 멍해질 때 목 주변의 깃털이 고개를 숙이고, 눈동자에서 힘이 빠진다. 큰 독수리는 작은 독수리의 혼란스러움을 알아차렸다.

"할아버지와 내가 니사나무를 찾아갔다고 했죠?"

"맞아요. 그게 궁금했었는데……"

"그 며칠 전, 내가 지금까지 겪은 가장 무서운 폭풍우가 불어 닥쳤었어요. 단 한 번도 말을 하지 않던 그 니사나무가 폭풍우가 오기 하루 전, 모든 숲의 식구들에게 큰소리로 외쳤죠. 동물들은 바람이 들어오지 않는 곳에 숨고, 집을 단단히 고치고, 나무들은 서로를 의지해서 넘어지지 않도록 하라고 말했어요."

"그래서요?"

"하지만 그걸 믿고 그대로 행동한 숲의 식구는 많지 않았어요. 우리도 마찬가지였어요. 저기 미루나무의 왼쪽 높은 곳의 부러진 상처가 그때 생긴 거예요. 뿌리째 뽑혀나간 나무도 많았고, 너구리네 식구들은 집이 물에 잠겨서 살 곳을 잃었죠."

작은 독수리는 계속해달라는 의미로 침을 꼴깍 삼켰다.

"폭풍우가 지나가고 할아버지와 나는 그 니사나무를 찾아갔어요. 그리고 엄청난 폭풍우가 올 것을 어떻게 알았는지 물어봤죠. 하지만 니사나무는 대답하지 않았어요."

"왜요?"

"아무도 니사나무의 말을 듣지 않았거든요. 심지어 우리들도."

"그래서요?"

"할아버지는 우리 독수리가 잘 모르고 있었다는 것을 고백했어요. 진심어린 사과를 곁들여서 말이죠. 그리고 배우고 싶다고 간절하게 부탁했죠."

작은 독수리는 그때 큰 독수리와 할아버지 독수리가 뭔가를 배웠다는 걸 직감할 수 있었다. 그것이 지금까지 빙빙 돌아서 온 먼 길의 답이라는 것도 느껴졌다. 작은 독수리는 다시 한 번 침을 꼴깍 삼켰다.

"니사나무는 오감을 동원해서 바람과 햇빛, 그리고 모든 소리까지 계속 확인하고 있었어요. 날리는 먼지의 움직임도 주시하고 있었죠. 햇빛은 뭔가에 쫓기는 듯 했고, 바람에는 비린내가 섞여 있어서 먼 바다로부터 무엇인가 다가서고 있다는 것을 일깨워 줬죠. 이 냄새는 미주리 강의 민물에서 시작된 냄새가 아니었어요. 바람이 지나가는 소리도 보통 때와는 달랐어요. 서로 꼬리를 물고 숨바꼭질하듯 계속해서 이어져 들이쳤고, 쉭쉭하는 날카로운 비명을 계속 질러댔어요. 먼지들도 그냥 하늘로 날아오르는 것이 아니라 솔방울 모양처럼 뭉쳐 일어나서 흩어지기를 반복했죠. 하지만 니사나무도 그런 걸 본 적은 없었어요."

"그런데 어떻게 먼 바다에서 큰 폭풍우가 온다는 것을 알았죠?"

"그 니사나무의 할아버지가 가르쳐준 기억이 되살아난 거였어요. 지난 100년 동안 정말 대단한 폭풍우라고 부를 만큼 큰 폭풍우가 온 적은 없었어요. 하지만 니사나무의 할아버지는 아마도 수백 년 전에 그런 큰 폭풍을 경험했고, 그걸 어린 니사나무에게 얘기해줬던 모양이에요. 그 이야기는 아마도 베라가 아까 말한 왼쪽에 있는 잎들 중 한 곳에 기억되어 있었을 거예요. 그걸 꺼낸 거죠."

"아, 놀라워요."

작은 독수리는 정말 놀랍다는 표정을 지어야 하는데 이제껏 그걸 제대로 해 본 적이 없다는 것을 깨달았다. 그래서 지난번에 연못가에서 작은 독수리를 만나 기겁을 하던 토끼의 표정을 지어보였다. 그 토끼의 표정은 정말 놀란 모습 그 자체였다.

"왜 그래요?"

"놀라워서요."

"하하하. 그 표정은 정말 무언가 못 볼 것을 보고 놀란 표정이네요. 그런데 이런 경우에 놀라는 것과는 좀 다르지 않나요?"

머쓱해진 작은 독수리는 계속 말을 이어가야 이 상황에서 벗어날 수 있다고 생각했다.

"왜 다른 나무나 동물들은 폭풍우가 온다는 걸 몰랐죠? 헤라도, 할아버지도요?"

질문에 '헤라'가 등장하자마자 큰 독수리가 정색을 하고 말을 이었다.

"경험하거나 공부하지 않았기 때문이에요. 주로 과거를 담는 왼쪽 머리에 그렇게 큰 폭풍우에 관해서는 아무것도 들어있지 않았다는 말이죠. 내게도, 할아버지에게도요."

"몰랐다는 건가요?"

"그렇죠. 실제로 해보거나 겪어보고 얻은 지식을 '경험'이라고 해요. 그리고 누군가의 이야기나 연습을 통해서 배우는 것은 학습이라고 하죠. 이런 것들을 통해서 왼쪽 머리를 키우게 되는데 그게 부족했던 겁니다."

작은 독수리는 절벽 위의 니사나무를 떠올려 봤다. 그러자 독수리도 왼쪽 머리와 오른쪽 머리의 역할이 다른지 궁금해졌다.

"그럼, 아까 말한 니사나무처럼 우리도 왼쪽 머리와 오른쪽 머리가 하는 일이 다르다는 건가요?"

"맞아요. 우린 사람하고 똑같아요. 저 니사나무처럼."

"좀 자세히 설명해주세요."

"음…… 그러니까 왼쪽 머리는 언어나 상징, 숫자와 같은 것을 잘 판단해요. 그래서 분석적이고 논리적인 일을 하게 되죠."

"규칙적이고 체계적인 것을 말하는 건가요?"

"맞아요. 하지만 오른쪽 머리는 달라요."

"오른쪽 머리는 무슨 일을 하죠?"

"왼쪽이 잘하지 못하는 일이죠."

"그게 뭐죠?"

"이미지나 패턴 같을 것을 인식하는 능력도 있고 공간지각력도 있어요."

"그게 전부인가요?"

"아뇨. 음악적인 이해나 구성적인 능력도 오른쪽 머리가 하는 일이죠. 하지만 더 중요한 것은 통합적이고 감성적인 일을 한다는 거죠."

"이해할 수 있을 것 같아요."

거의 아는 것같이 얘기했지만, 작은 독수리의 머릿속은 아직도 궁금한 것들이 뱅뱅 돌고 있었다. 더 답답한 깃은 그것이 무엇인지 정확하게 알 수 없다는 것이었다.

"이게 현명해지는 것하고는 무슨 관계죠?"

큰 독수리가 이번에는 정말 깜짝 놀란 표정을 지어보였다. 이런 질문이 나올 것이라고는 상상도 못했기 때문이다. 하지만 그 표정 역시 토끼가 놀란 것과 별로 다르지 않아 보였다. 큰 독수리도 이런 표정이 처음이긴 마찬가지였기 때문이다. 작은 독수리는 큰 독수리의 표정을 보고 웃음이 터지려는 것을 간신히 참았다.

"대답하기 전에 내가 질문할게요. 경험과 학습을 한 마디로 하면 뭐라고 할 수 있죠?"

"모두 지난 것들에 대한 기억이죠."

"그게 무슨 소리죠?"

"저장된다고 했잖아요. 그러니 경험도 학습도 결국은 지난 것들이라는 거죠. 다만 그것이 왼쪽 머리 어딘가에 저장되는 것이라고 말해 준 것 아닌가요?"

"그래요, 거의 맞아요."

'거의 맞았다'는 표현은 작은 독수리에게 사실 뭔가 부족하다는 소리로 들렸다.

"그러니까, 경험도 학습의 일부라고 생각할 수 있고, 그 기록들이 왼쪽 머리 어딘가에 기억되었다가 필요할 때 사용할 수 있도록 저장된다는 의미 아닌가요? 비교도 해 볼 수 있고, 니사나무처럼 처음 겪는 일에 대해서도 논리적으로 판단할 수 있고요."

"맞아요. 하지만 아까 말해준 것처럼 오른쪽 머리에 기억되는 것들도 있어요. 중요한 것은 그게 왼쪽 머리에 주로 기억되지만, 오른쪽 머리에도 기억되는 것도 있다는 사실이에요."

"오른쪽 머리에는 뭐가 기억되죠?"

"음…… 그것보다는 왼쪽 머리를 더 잘 이해하는 것이 중요해요. 그럼 곧 알게 될 거예요."

"그러니까 헤라의 말은 현재를 잘 판단한다는 것이 곧 미래를 잘 대비한다는 것이고, 그러기 위해서는 과거의 경험과 학습을 잘 활용해야 한다는 거죠? 물론 그 경험과 학습이 아주 잘 기억되고 활용될 수 있도록 저장되어야 하고, 기왕이면 많으면 더 좋겠다는 거죠?"

마지막 부분에서 작은 독수리는 뭔가 잘못되었다는 생각이 들었다. 답이 틀린 것이 아니라 뭔가 큰 독수리에게 좋지 않은 실마리를 제공했다는 느낌 말이다. 불길한 예감은 적중하는 법이다.

"그래요. 그런데 그걸 잘 아는 독수리가 왜 먹잇감을 잡는 공부 외에는 통 하려고 들지 않는 거죠?"

"아니에요, 헤라. 오늘만 봐도 그래요. 써머솔트 다이빙 수업도 빼먹고 헤라하고 현명해지는 법에 대해 공부하는데 제가 공부를 안한다고요?"

"뭐라고요? 오늘 수업 있는 날이에요?"

"그럼요. 다 끝났을 걸요."

"음…… 아주 오래전 일이에요. 내가 베라처럼 써머솔트 다이빙을 배우던 시절이에요."

뭔가 중요한 것이 시작된다는 느낌이지만 시작이 좋지 않았기 때문에 긴장하고 들어야 한다는 판단이 들었다.

"사실 난 다이빙을 제외하고는 다른 과목에 소질이 없었어요. 정확하게 말하면 별 재미를 느끼지 못했다는 게 맞을 거예요. 아니, 좀 더 정확하게 말하면 그 과목에 소질이 있는지조차 관심이 없었던 것 같아요."

"그래서요?"

"내 성적은 항상 뒤에서 세는 게 훨씬 빨랐죠."

"하하, 저는 앞에서 세는 게 빨라요."

"베라, 지금 위치가 어디냐가 중요한 게 아니라 앞으로 가고 있다는 것이 중요한 거예요."

"네, 알아요."

갑자기 큰 독수리가 무섭다는 생각이 들었다. 토끼나 마모트가 독수리를 만나면 이런 생각이 들 거라 생각하니 그들이 불쌍해지기까지 했다.

"어느 날, 나는 우리 학교에서 가장 공부를 잘하는 독수리를 배워서 열심히 공부하기로 했어요."

"그래서요?"

한 번도 듣지 못한 큰 독수리의 학교 이야기였다. 궁금증이 마치 폭포수처럼 쏟아졌다.

"이틀 동안 그 독수리 친구를 열심히 살펴보고 따라하기로 결심했죠. 겨울에는 보통 해가 뜨고 아침 여덟시가 되면 학교 문을 열잖아요. 물론 선생님들은 일곱시부터 학교에 나오시지만요."

"맞아요. 선생님들은 우리가 공부를 잘할 수 있도록 미리 준비해주시죠."

"난 매일 일곱시 오십오분에 학교에 도착했는데, 그 친구는 항상 먼저 와서 공부를 하고 있더라고요."

"그러니까 일등이죠."

작은 독수리는 이 말을 하고는 목소리의 톤이 약간 잘못되었다는 생각을 했다.

"알아요. 그래서 그 다음날은 일곱시 오십분에 학교에 가봤어요."

"그런데요?"

"그 친구는 이미 그 시간에도 와서 공부를 하고 있었어요."

"그래서요?"

"그 다음날은 일곱시 사십오분에 도착했어요."

"그런데요?"

"그 친구는 이미 와 있더라구요. 결국 이틀 동안 난 아무것도 그 친구에 대해 알아내지 못한 거죠. 계속 나보다 먼저 학교에 왔다는 것 외에는."

"그래서요?"

"그 다음날은 해가 산 위에 고개를 내밀기도 전에 가서 그 친구가 오기를 기다렸어요."

"그 친구는 도대체 언제 학교에 온 거죠?"

"정확히 일곱시 사십분에 왔어요. 그 친구는 우리가 떠들고 노는 시간에도, 점심식사 시간에도 항상 절반을 쪼개서 공부하는 데 쓰고 있다는 것을 또 발견했어요."

"와우, 대단해요."

"오후 다섯시에 학교가 파하고 나서도 그 친구는 십오분을 더 공부하고 학생들 중 맨 마지막에 집으로 돌아가더라고요."

큰 독수리의 말에 작은 독수리는 갑자기 겁이 덜컥 났다.

"제가 그렇게 공부해야 한다고 말씀하시는 건가요?"

"아뇨. 난 그런 말을 한 적이 없어요."

"그럼, 왜 이런 말을 하시는 거죠?"

"난 지금 삶을 살아가는 자세에 대해 말하는 거예요. 공부가 아닌 다른 것을 한다고 해도 어떤 자세로 해내야 하는지를 배우라고 가르쳐주는 겁니다."

"네, 그런데 헤라는 어떻게 되었죠?"

"하루를 꼬박 계산해 보니 그 친구가 나보다 두 시간을 더 공부하더라고요."

"그럼, 헤라도 하루에 두 시간을 더 공부했나요?"

"단순하게 두 시간을 더 공부했다는 것이 중요한 게 아니에요. 한번 생각해 봐요. 하루에 두 시간은 하루의 1/12이죠. 일 년으로 치면 한 달인 셈이지요. 그런데 우리는 낮에만 깨어 있으니 결국 그 친구가 일 년에 우리보다 두 달을 더 공부하고 있었던 셈이죠."

"정말 그러네요. 놀라워요."

작은 독수리는 머리를 한 대 얻어맞은 것처럼 갑자기 멍해졌다. 이 기분은 소나무 밑에서 놀다가 떨어지는 솔방울에 머리를 한 대 맞아 봐야 알 수 있다.

"중요한 건 내가 그걸 알았을 때는 이미 그런 세월이 이 년이나 흘렀다는 거예요. 이제 졸업까지 내게 주어진 시간은 일 년인데, 이젠 그 친구를 따라가는 것은 불가능하다는 걸 깨닫게 되었어요."

"그렇게 끝난 건가요?"

"물론 아니죠. 대신 난 집중해서 공부하기로 했어요. 하나를 배워도 절대 잊지 않도록 가슴에 새기는 방법을 생각해 낸 거죠."

"와우, 그래서요?"

"뭐가요?"

"결과가 어떻게 되었냐고요?"

"우리 독수리들의 인생은 결과만 중요한 게 아니에요."

"그럼 뭐가 중요한데요?"

"이런…… 난 지금 인생의 과정과 그 과정의 중요성을 말해주고 있는 거예요. 과정의 중요성 말이에요."

"네……"

정말 이번엔 솔방울이 아니라 떨어지는 사과에 얻어맞은 것 같았다. 하긴 최선의 노력을 다하지 않은 성공을 성공이라고 하기도 어렵겠지만, 전체를 놓고 보면 과정이 대부분인데 결과만 따지는 건 토끼를 잡아서 그 짧은 꼬리만 먹는 것과도 같다고 생각했다.

"한번은 이런 일도 있었어요. 폭풍우가 심하게 몰아치던 삼학년

여름이었죠. 그렇게 성실하던 내 짝이 학교에 나오지 않았어요."

"네? 어디 아프기라도 한 건가요?"

"음……"

큰 독수리는 이걸 어떻게 설명해야 할지 곰곰이 생각해 봤다.

"그 여름밤 정말 엄청난 비바람이 몰아쳤어요. 나도, 우리 반 아이들도, 선생님도 온통 그 친구 걱정이었죠. 그 친구는 우리 학교에서 성실함의 상징과도 같은 독수리였거든요."

"그 친구 집에라도 가보면 되잖아요?"

"그 친구는 집이 정말 멀었어요. 그래서 학교 가까운 곳의 친척 집에서 학교를 다녔죠. 그런데 그날 폭풍우가 오는 걸 모르고 멀리 떨어진 시골집에 간 거였어요. 부모님이 보고 싶었던 거죠."

"폭풍우 때문에 못 온 거군요."

큰 독수리가 목을 확 돌려서 작은 독수리를 노려봤다. 이 눈은 독수리가 토끼나 잉어를 잡을 때 볼 수 있는 그런 눈이었다.

"아뇨."

"그럼?"

"막 학교가 끝나고 모두들 집으로 돌아가려는 순간, 교실 문이 열리고 비에 흠뻑 젖은 그 친구가 들어왔어요. 그리고는 교실에 들어서자마자 정신을 잃고 쓰러지고 말았죠."

"왜요?"

"그날 그 친구의 시골집에 큰 사고가 생겼어요. 폭풍우에 나무가 부러진 거죠. 그 바람에 부모님은 집을 잃게 되었고, 그 친구도 날개를 다쳤어요."

"날지도 못했겠네요?"

"맞아요. 그래서 시골집에서부터 걸어서 학교에 온 거죠."

"집이 멀다면서요?"

"집이 무너지고 나서 생각해 보니 자신이 부모님을 위해 할 수 있는 일은 아무것도 없다는 생각이 들었대요. 그 친구가 해야 할 일은 다시 돌아가서 열심히 공부하는 거라고 생각한 거죠."

"그래서 그 먼 길을 걸어서 학교로 돌아온 거군요. 하루 종일, 그것도 걸어서."

"맞아요."

"우리 독수리는 정말 강인해요. 조그만 시련에도 포기하고 마는 사람하고는 비교가 안 되죠."

"내가 그 친구에게 배운 게 그거예요. 우리가 이렇게 배워야 하고, 이런 자세로 삶을 살아야 한다는 것 말이에요."

과정이 중요하다는 말이 정확히 무엇인지 작은 독수리는 깨닫게 됐다. 이어 약간 머쓱해진 상황을 돌파할 멋진 아이디어가 떠올랐다.

"그런데 졸업할 즈음에는 어떻게 되었죠?"

"뭘 말하는 거죠?"

"성적요, 헤라의 성적요."

"그건 과정에 비하면 중요한 게 아니라고 말했는데요."

"그래도 궁금한 걸요."

"음…… 내 성적은, 그러니까 앞에서 세는 게 훨씬 빠르다는 걸 증명해냈죠."

나뭇잎 사이로 뭔가 부산하게 움직이는 게 보이고, 큰 독수리의 눈꺼풀이 개구리의 눈꺼풀처럼 보이는 것이 이제 자야 할 시간이었다. 반쯤 감긴 눈으로 큰 독수리가 한마디 했다.

"공부가 인생의 전부는 아니지만, 인생의 전부도 아닌 그 공부를 게을리 해서야 되겠어요?"

이런 상황에선 자는 척, 아니 진짜 자는 게 현명한 것이라는 것쯤은 작은 독수리도 잘 알고 있었다.

03

감성, 끝없는 생각의 뉴런

"시인은 다른 사람들이 보지 못하는 것을 보아야 하며, 다른 사람들보다 더 깊이 보아야 한다. 이것은 수학자도 마찬가지다."

– 소피아 코발렙스카야Sofia Vasilyevna Kovalevskaya

"더 빠르게, 그렇지. 한 바퀴 돌면서, 왼쪽 날개를 살짝 들어올리고……"

"뭘 그렇게 혼자 중얼거리고 있어요?"

큰 독수리가 작은 독수리를 응시하면서 물었다. 사실 독수리가 응시하는 데는 선수다. 그렇지만 반대로 시선을 받는 경우가 적어서인지 작은 독수리는 당황한 기색이 역력했다.

"제가 뭘요? 제가 중얼거렸다고요?"

"하하, 뭘 생각하는지 아까부터 계속 '한 바퀴 돌고 어쩌고' 그러던데요."

"저도 모르게……"

"공부하느라고 그런 것 같던데…… 대단해요."

"그게 아니고…… 헤라, 참 이상해요. 왜 잠시도 멍하게 있을 수 없는 거죠?"

"그게 무슨 소린가요?"

"가만히 생각해보니 거의 깨어있는 동안에는 머릿속에서 뭔가가 계속 생각이 나고, 그 생각에 또 다른 생각을 하게 되고, 그리고 그 생각에 또 생각을 하게 되고, 그리고……"

"하하하, 그러니까 그 말은 왜 생각이 멈춰지지 않고 계속해서 꼬리를 물고 일어나는 것인지 궁금하다는 건가요?"

"네, 맞아요."

작은 독수리는 큰 독수리가 어떻게 자신의 머릿속을 꿰뚫어보고 있는지 그게 더 궁금했다. 혹시 큰 독수리가 하루 종일 자신의 머릿속만 생각하고 있는 건 아닌가 하는 생각도 들었다.

"사실은 깨어있을 때만 생각하는 건 아니에요. 잘 생각해봐요. 우린 자면서도 생각해요. 그게 꿈으로 보이기도 하죠."

"그건 알겠는데, 도대체 내 생각을 왜 스스로 멈출 수 없는 거예요?"

"그보다 먼저 생각에 대해 생각해 보기로 해요. 베라가 지금 말한 그 생각 말이에요. 생각에는 무엇인가를 목적으로 하는 생각이 있어요."

"맞아요. 헤라. 그게 진짜 생각 아닌가요? 한 가지에 집중하는 생각이 그런 거잖아요. 써머솔트 다이빙 시험을 본다고 하면 그 순서에 대해 생각하고, 모르는 것에 대해서는 더 집중해서 생각하고, 그리고 실제로 낙하 시험을 상상해 보고 결과를 생각해 보기도 하죠."

"그래요. 그런데 왜 스스로 생각을 멈출 수 없다고 한 거죠?"

"그게 아니고요. 그냥 멍하니 있으려고 해도 곧바로 뭔가를 생각하고 있지 뭐예요. 어떤 때는 정말 당황스러울 정도로요."

"베라, 그걸 한번 설명해 볼래요?"

"처음엔 시험만 생각하려고 했어요. 그런데 제가 써머솔트 다이빙을 최고로 잘하게 되는 상상을 넘어서 멧돼지를 사냥하는 상상을 하고 있는 거예요. 이건 말이 안 되죠?"

"그게 상상의 전부예요?"

"아뇨. 하늘에서 멧돼지를 발견한 순간 전 그 멧돼지를 향해 다이빙을 했고, 결국 그 멧돼지의 단단한 머리에 부딪혀서 심하게 다쳤죠. 정말 돌대가리예요. 게다가 그 녀석의 뒷발에 채이기까지 했어요. 이런 멍청한 상상이 왜 제 머릿속에서 맴도는지 그걸 모르겠어요."

작은 독수리는 자신이 무슨 중병에 걸린 것 같다는 표정을 지어 보였다. 가만히 생각해 보니 이건 심각한 사태였다. 멧돼지도 황당하지만, 그 단단한 머리에 다이빙을 하는 건 정말 '미친 생각' 외에는 달리 표현할 단어도 없었다.

"아주 먼 옛날이에요."

"와우!"

"왜요?"

"아니, 그냥…… 옛날 얘기는 보통 재밌잖아요."

"재미보다는 배울 게 있죠."

그 말에 작은 독수리는 약간 주눅이 들었다. 그래서 그냥 알아들었다는 의미로 고개를 천천히 끄덕였다.

"숲의 중앙에 있는 레드우드를 본 적이 있다고 했죠?"

"그럼요. 정말 멋진 삼나무들이에요."

"아마 그 레드우드는 50,000그루도 넘을 거예요. 대단하죠."

"생각보다 많네요."

"아주 오래전에 독수리 일부가 그 레드우드에 살았던 적이 있었어요. 그 독수리들은 사냥할 때만 평원을 누볐죠. 사람도, 귀찮은 코요테도 신경 쓰지 않아도 됐으니 정말 좋은 보금자리였죠. 물론 시도 때도 없이 레드우드를 쪼아대는 딱따구리가 신경이 쓰이긴 했지만요."

"딱따구리하고 무슨 문제가 생겼나요?"

"아뇨. 그 독수리들 중에 아르키메데스Archimedes라는 아주 현명한 독수리가 있었어요. 그런데 어느 날 독수리의 왕이 아르키메데스에게 자신의 새 왕관이 진짜 100% 금으로 만든 왕관인지 확인해 달라고 왕관을 건네주었어요."

"왕관을 만든 제작자를 의심한 거네요?"

"꼭 그렇지는 않지만 확인하고 싶었겠죠."

"헤라, 그래서요?"

"아르키메데스는 이 문제를 해결하기 위해 온갖 상상을 다 해 보았지만 뾰족한 방법을 찾지 못했어요. 사실 뾰족한 방법을 찾는 건 뾰족한 주둥이를 가진 우리 독수리들에게는 식은 토끼죽을 먹는 것보다 쉬운 일이잖아요. 그런데 이번에는 영 뾰족한 방법이 떠오르질 않았어요."

"그래서요?"

뾰족한 주둥이를 가진 건 작은 독수리도 마찬가지였지만 역시 뾰족한 방법은 떠오르지 않았다.

"온갖 상상을 다했죠. 왕관을 녹여보기도 하고, 한데 뭉쳐서 물속에 던져보기도 했죠."

"그래서요?"

"잘 되진 않았죠. 그래서 머리도 식힐 겸 레드우드 군락 옆에 있는 작은 연못에 들어가 목욕이나 하려고 몸을 담그는 순간, 뭔가 머릿속에서 불꽃이 튀었어요."

"그게 뭔데요?"

"연못물이 넘치는 걸 보자마자 왕관을 뭉쳐서 물속에 던졌던 생각이 떠오른 거죠."

작은 독수리는 어리둥절해졌다. 이쯤 되면 답과 비슷한 것이라도 떠올라야 할 텐데, 뾰족한 것은커녕 멧돼지 코처럼 뭉툭한 것도 떠오르질 않았다.

"모든 물질은 같은 부피라도 무게가 다르잖아요. 물질의 질량과 부피의 관계를 생각해낸 거죠. 만약 다른 물질을 섞어서 왕관을 만들었다면 그 왕관을 만들기 위해 들어간 금덩어리와 무게는 같게 조작했겠지만 부피가 더 크거나 작지 않겠어요?"

"와우, 대단한 아르키메데스예요."

"아르키메데스의 상상이 처음엔 별로 쓸모없는 것이었지만, 그 상상이 또 다른 상상을 불러왔고, 현실과 만나면서 새로운 뭔가를 만들어낸 거죠. 그러니 의도하지도 않은 생각이 계속되는 게 전혀 쓸데없는 건 아니죠?"

그래도 작은 독수리는 아직 머릿속이 말끔해지지 않았다는 것을 느꼈다.

"그래도 하루 종일 이어지는 상상이 모두 쓸모 있는 것은 아니지 않을까요?"

"그렇죠. 그럼 베라가 아까 말한 멧돼지나 토끼는 어때요? 마모트들은요?"

"그 녀석들은 바보예요. 아무 생각이 없어요. 그냥 자기들이 먹는 것과 자기들이 잡아먹히는 것 외에는 생각하지 않아요."

"그래서요?"

또 허를 찌르는 그야말로 뾰족한 큰 독수리의 질문이었다. 사실 아무 생각이 없다는 표현이 딱 어울리는 순간이 이 순간이었다. 이제 그냥 생각 없이 말해야 했다.

"토끼는…… 제가 잡으려고 공격을 한 번 했다가 실패한 적이 있었어요. 그런데 그 멍청한 토끼는 놀라는 것도 그때 뿐이었어요. 5분도 안돼서 별 경계 없이 또 먹이를 찾아 어슬렁거리는 하이에나처럼……"

하이에나는 여기서 등장하면 안 되는 상황인데, '왜 나왔을까' 하는 생각이 다시 이어졌다.

"그래서 베라는 어떻게 했죠?"

"잡아먹었죠."

"그렇죠. 만약에 토끼나 잉어가 우리 독수리처럼 생각이 넓고

심오하다면 아마 토끼가 우리를 사냥하고 있거나 우리가 굶어 죽었을 거예요. 혹시 모르죠. 지금쯤 우리의 최대의 적인 사람과 전쟁을 하고 있을지도……"

"하하하, 그러니까 헤라 얘기는 계속되는 수많은 생각이 우리를 계속 발전시키고 있다는 거죠?"

"바로 그거예요. 아르키메데스 이야기로 돌아가 볼까요. 지금부터는 아주 중요한 이야기니까 정신을 똑바로 차려야 해요."

긴장감이 확 돌았다. 이에 맞춰 작은 독수리도 큰 머리를 좌우로 180도 돌려 정신을 집중하려 노력했다.

"왜 아르키메데스가 상상 속에서 왕관을 뭉쳐 물속에 집어던졌을 때 물질의 비중에 관한 생각이 떠오르지 않고 연못물에 몸을 담글 때에 이르러서야 그걸 생각해낸 걸까요?"

"그거야, 그 때 생각이 났으니까……"

"다시 질문할게요. 코요테나 곰도 물에 들어가잖아요. 그런데 왜 이 녀석들은 물이 넘치는 것을 보면서도 물질의 부피와 질량의 관계를 한 번도 생각해내지 못하는 거죠?"

"글쎄요. 그들에게도 헤라가 말해준 이성의 기억 속에 분명히 뭔가 남아있을 텐데요. 항상 먹고 먹히는 것만 생각하는 들쥐나 멧돼지라면 몰라도."

"코요테나 곰의 오감은 분명히 머리에 뭔가를 전달했을 거예요. 연못물에 들어가는 순간의 물의 움직임과, 첨벙하는 소리와, 주루룩 흘러넘치는 연못물의 양까지도. 그런데 보이는 그 자체가 전부인 이 녀석들과 달리 현명한 아르키메데스 독수리는 왕관을 뭉쳐 물속에 집어던지던 생각을 꺼낸 거죠. 그리고는 비중 Specific Gravity을 생각해 낸 거예요."

"그러니까 다르게 보는 건가요?"

"맞아요, 베라. 하지만 정확하게 말하면 다르게 받아들이는 거라고 해야겠죠."

알 것 같다는 생각이 들면서 작은 독수리는 갑자기 자신감이 생겼다. 자신감이 차오르면 독수리는 목 주위가 더욱 부풀어 오른다. 그리고는 굵은 목소리로 이어갔다.

"보고 있어도 보고 있지 않고, 듣고 있어도 듣고 있지 않는?"

"바로 그거예요. 그러면 그렇게 예민해지도록 오감을 훈련하려면 어떻게 해야 할까요?"

항상 이런 상황이 문제였다. 뭔가 자신감이 충만해져서 한 발 내딛으려 하면 어김없이 큰 독수리의 다음 질문이 길을 막았다. 작은 독수리는 대답 대신 불쌍한 표정으로 큰 독수리를 쳐다보았다. 그런데 그 불쌍한 표정이라는 게 엊그제 토끼 사냥에 성공하면서 봤던, 지나가는 메뚜기 얼굴을 흉내낸 것인데, 그건 좀 아니라는 생각이 들었다.

"다른 얘기를 하나 해줄게요. 저 숲의 건너편에 사는 앵무새를 본 적 있어요?"

"네, 딱 한 번요. 부리는 우리 독수리하고 비슷하지만 깃털은 포돗물과 국화물이 든 것처럼 알록달록해요. 그 녀석들 내가 하는 말을 어찌나 잘 따라하던지 지겨워서 내가 도망치고 말았어요."

"그 앵무새가 사람들하고 친해요. 심지어는 사람하고 같이 살기도 하고, 사람들의 말도 할 수 있죠."

"네? 앵무새가 똑똑한가 봐요. 하지만 사람하고 친한 걸 보니 우리하고는 안 맞겠어요."

"어쨌건 그 녀석들은 사람을 너무 따라하다 보니 자기 생각이 부족해요. 그중 한 녀석이 내게 이런 질문을 하더라고요."

"뭔데요?"

"그건 질문이라기보다는 잘난척을 하려고 한 거죠."

"더 궁금한데요."

"한쪽 측면에서 보면 사각형, 다른 한쪽 측면에서 보면 삼각형, 위에서 보면 사각형인 물체가 뭐냐고 물었어요."

"음…… 생각 좀 해봐야겠어요. 생각날 것 같기도 한데……"

작은 독수리의 머릿속이 정말 복잡해졌다. 뭔가 떠오를 것 같은데 그게 전부였다.

"이런 물체예요. 사각형 바닥에 대각선으로 사각형을 세우고, 다시 바닥 사각형의 다른 대각선으로 삼각형을 세운 물체. 물론 세워진 사각형과 삼각형은 높이가 같도록 중앙에서 만나게 해야 하죠. 내가 앵무새에게 이렇게 답을 말했더니 앵무새가 깜짝 놀라더라고요."

"헤라, 멋져요."

"하하, 앵무새가 사람에게서 그걸 배워 날 시험한 모양인데 내 이성이 이긴 거죠. 사실 아주 옛날에 할아버지가 가르쳐주셨거든요."

"그런데 다른 것도 있어요."

"뭐라고요?"

상황이 순식간에 반전되었다. 이번엔 큰 독수리의 표정이 막 독수리에게 붙잡힌 토끼를 바라보는 메뚜기의 표정이 되었다.

"텐트요, 텐트."

"그러니까 사람들이 숲에서 잘 때 쓰는 그 텐트를 말하는 건

가요?"

"맞아요. 옛날에 숲 밖의 평원에 사람들이 몰려와서 자고 간
적이 있었어요. 몇 날 며칠이고 사람들은 수도 없이 많은 텐트를
치고 평원에 머물렀죠."

"혹시 네브래스카 늑대를 죽였던 그 사람들의 후손을 말하는
건가요?"

"음…… 그 사람들하고는 아무 관계없는 사람들이겠죠."

"어쨌든, 네브래스카 늑대를 죽인 사람들 얘기를 들어서 알겠지
만 사람은 원래부터 본성이 나쁜 존재들이란 걸 잊으면 안돼요."

"맞아요. 그중에는 자연을 파괴하는 나쁜 사람들도 있었지만,
그날 내가 본 사람의 모습은 그렇지 않았어요."

"베라, 그게 무슨 소리죠?"

"적어도 그날 본 사람들은 너무나 사랑스런 모습이었어요."

"독약을 써서 늑대를 죽였고, 코요테와 까마귀, 그리고 우리
독수리들을 죽인 사람들을 보고 사랑스럽다고요?"

"내가 본 사람들은 멀리서 온 이주민 가족이었어요. 독약을 쓴
사람들이 터를 잡고 살고 나서 한참 시간이 흐른 후에 이주해 온
사람들이죠."

이번엔 큰 독수리가 작은 독수리를 이해할 수 없다는 표정을 지
었다. 하여간 계속해야 할 것 같아 질문 대신 고개를 끄덕였다.

"전 큰 튤립나무 뒤에 숨어서 그들을 지켜봤어요. 엄마가 다섯 살 정도의 꼬마에게 텐트를 설명하고 있었어요. '텐트는 말이다. 입구가 삼각형이라 위로 갈수록 좁아진단다. 반대편도 똑같아. 그러니 들어가고 나올 때 머리가 윗부분에 끼지 않도록 조심해야 한다. 옆은 우리 키보다도 긴 사각형이고 안으로 들어가면 바닥도 사각형이야. 우리 식구들 모두가 누울 수 있을 정도지.' 이렇게 말이죠."

"오, 정말 텐트가 앵무새가 질문한 그 물체네요."

"제가 내려다보니 위에서 본 텐트는 사각형이더라고요. 바닥하고 똑같이."

놀라웠다. 이런 생각이 안 떠오른 것도 놀라운 일이지만 그걸 작은 독수리가 생각해낸 건 더 놀라운 일이었다.

"정말 그렇군요. 그런데 그렇게 오래된 걸 어떻게 생각해냈죠?"

"헤라, 사실 그때 전 너무 슬펐어요."

"왜요?"

"우리 독수리들은 조금 자라서 날게 되면 부모님들이 곧바로 독립시키잖아요."

"다른 새들도 대부분 그렇죠."

"하지만 독수리 부모는 가시둥지를 다 드러나게 해서 둥지에

앉지도 못하게 만들어 결국 쫓아내잖아요. 그런데 인간은 저렇게 다정하잖아요."

"그래서요?"

"뭐, 그렇다는 거구요. 그때 난 '우리 아빠가 저 아이의 엄마처럼 다정할 수는 없었을까?'하고 생각했어요. 그때부터 사람 이야기만 나오면 슬퍼지고, 삼각형이나 사각형 같은 게 떠올라요. 지금도 그런 셈이죠."

"이런…… 이래서 사람을 가까이하면 안 된다는 거예요. 자기들끼리도 서로 죽이는 전쟁을 하고 숲을 온통 파헤치면서도 한편으로는 사랑의 화신인 척하죠."

큰 독수리는 정말 화가 치밀어 올랐다. 독수리들이 평원을 버린 것도, 심지어 베라가 쫓겨난 것도 사람 때문인데, 아직도 작은 독수리에게 사람에 대한 애정이 남은 게 보여서다.

"그건 그렇고, 베라가 기억 속에 숨어 있던 또 다른 기억을 되살려낸 계기가 뭐라고요?"

"죄송하지만 질문을 제대로 이해하기 어려워요."

"음…… 텐트, 사각형, 삼각형과 같은 기억을 되살리게 된 계기를 묻는 거예요."

"슬픔, 사랑, 다정함과 같은 감정들요."

"그게 삼각형, 사각형과 무슨 관계죠?"

"글쎄요. 하지만 이런 감정들이 제겐 삼각형이나 사각형과 뒤섞여 있어요."

"지금까지 내가 말하려던 게 바로 그거예요. 이성의 기억만으로는 뭔가 부족하다는 거죠."

"혜라, 그게 무슨 소리죠?"

"이성만으로 과거의 기억을 꺼내기에는 뭔가 부족하다는 거죠. 아르키메데스가 본 넘치는 물과 곰이 본 넘치는 물은 너무나 달라요. 만약에 베라가 사람들의 모습과 아빠 독수리의 모습을 서로 비교하면서 슬퍼하지 않았다면 그 텐트의 기억은 남아있지도 않았을 거예요."

"그럴 것 같아요. 저도 지금 그걸 떠올렸다는 사실이 믿어지지 않아요."

큰 독수리의 말이 옳았다. 작은 독수리에게 아빠는 항상 든든하고 행복한 존재였다. 하지만 둥지를 떠날 때의 아빠는 너무나 달랐다. 그것 때문에 기억이 더 생생한 게 분명했다.

"얼마 전에 말한 흰머리독수리가 사는 절벽 위의 니사나무로 돌아가 볼게요. 사실 니사나무가 큰 폭풍우의 기억을 되살리는 계기가 된 건 제각각 놀던 우측의 잎들을 파도처럼 움직이게 만든 그 바람이었어요. 그 바람 속에는 바다의 비린내가 섞여 있었고, 이 비린내가 할아버지의 이야기 속 폭풍우가 현실이 될 것이라는 걸 깨달게 해준 거죠."

"그럼, 이전에 말해주지 않은 오른쪽 머리의 기억이 바로 이런 기억을 말하는 건가요?"

"맞아요. 이렇게 전혀 다른 모습으로 왼쪽 머리와 오른쪽 머리에 기억으로 남죠."

"둘은 정말 다르게 기억되는 거네요."

"그렇죠. 그래서 하나만으로는 부족한 거예요."

"이해할 수 있어요. 하지만 아직도 오감을 예민하게 하는 방법에 대해선 모르겠어요."

"나눠서 질문할게요. 뭘 이해했다는 거죠?"

"감성적인 기억이 이성적인 기억을 더 잘 생각나게 해준 거요. 그래서 두 기억이 모두 중요하다는 거요."

"맞아요. 그럼 그걸 더 잘하게 하는 방법을 설명해주면 되겠네요."

"네."

항상 큰 독수리는 명확했다. 뭘 모르는지, 뭘 묻는지 각각 명확하게 선을 그어서 출발하고, 중간에 확인하고, 마지막에도 항상 확인했다. 그러니 토끼가 이런 독수리를 피해간다는 것은 애

당초 불가능한 일이었다.

"오른쪽이에요, 오른쪽을 좀 더 잘 알아야 해요. 니사나무의 오른쪽 잎들을 잘 봐요. 우리의 머릿속도 마찬가지죠. 정말 무질서한 것처럼 보이는 저 잎은 무한하고도 다채로운 감성의 힘을 가지고 있어요. 그래서 오른쪽 잎들은 바람의 운율을 알아낼 수 있고, 바람의 전체적인 모양과 크기도 짐작해 낼 수 있는 거예요. 비린내에서 여러 가지 느낌도 얻을 수 있고, 이런 것을 종합해서 커다란 그림도 그려낼 수 있죠. 마침내 그것이 폭풍우라는 통찰력을 얻게 되는 것 또한 오른쪽 잎들이 하는 일이에요."

"놀라워요. 그러니까, 오른쪽 머리를 자주 써야 한다는 거고, 그것은 감성과 오감을 키우는 일이라는 거죠?"

"정확하게 그거예요. 그러므로 오른쪽 머리를 위해 음악이나 미술과 같은 예술을 공부하고, 수많은 상상을 통해 통찰력을 키우는 것이 그 지름길이에요"

"생각지도 못한 곳에 감성을 키우는 방법이 숨어있었군요."

"항상 답은 가까운 곳에 있죠. 그럼, 아까 궁금해하던 그 질문 말인데요. 생각이 멈추면 어떻게 되는지도 알겠네요?"

"멧돼지나 토끼가 되겠죠. 아니면 잉어가 되던가."

04

언어와 이미지, 상상과 현실의 끈

"조각이 평면 예술보다 어려운 것은 3차원적인 형태에 감응하는 능력
이 필요하기 때문이다. 결과적으로 색맹인 사람보다 형태맹인 사람이
더 많은 것이다."

– 헨리 무어Henry Moore

"조금만 더 높게 날아 봐요."

작은 독수리가 눈을 감고 두 발에 힘을 꽉 준채로 중얼거리고 있었다. 잠꼬대치고는 꽤 큰 소리였고, 곁에서 자던 큰 독수리가 그 소리에 눈을 번쩍 떴다. 혹시라도 떨어질 걸 걱정한 큰 독수리가 작은 독수리의 날개를 툭툭 쳤다.

"베라, 해가 떠요. 일어나야죠. 우리들의 아침이 시작되고 있어요."

엄청난 속도로 눈을 다섯 번을 깜빡인 후에야 작은 독수리는 모든 것이 꿈인 것을 알았다.

"행복한 순간이었는데, 헤라가……"

"내가 뭘요?"

"아니에요. 하늘 높이 올라가서 멋지게 써머솔트 다이빙을……"

"하하하. 그게 그렇게 행복한 순간이었어요?"

"그럼요. 처음에는 숲의 가장자리에 있는 큰 연못까지 날아갔어요. 그 다음에는 그레이스 선생님, 리베와 시합을 했어요. 큰 튤립나무 있는 곳을 지나 계속 날아갔어요. 그러다 보니 선생님도 처음 보는 작은 숲이 나타났어요. 우리 숲속의 숲이라고 해야 할 것 같아요. 그 숲에는 빨간 토끼와 눈이 부시도록 하얀 털을 가진 까마귀도 있었어요."

"뭐라고요? 빨간 토끼라고요?"

"네, 눈이 부시도록 하얀 털을 가진 까마귀도요."

"으음…… 계속해 봐요."

큰 독수리는 황당하다는 반응을 보였지만, 작은 독수리는 너무 흥분해서 그걸 알아채지 못했다. 흥분한 작은 독수리의 말이 이어졌다.

"곧이어 작은 메추라기와 종달새들이 우리 뒤를 따르기 시작했어요. 마치 우리가 대장이 되고 그들은 우리 병사가 된 것 같았어요."

"먹이가 아니고요?"

"나무들은 서로 몸을 꼬아서 넝쿨이 엉킨 것처럼 자라고 있었죠. 그 잎사귀는 마치 다이아몬드처럼 생겼어요. 우리는 계속 하늘로 올라갔어요. 우리 밑에서는 메추라기와 종달새들이 따라오고 있었어요. 정말 메추라기와 종달새가 얼마나 많은지 땅이 보이질 않았어요. 그 때 헤라가……"

"깨운 거네요."

작은 독수리는 큰 독수리를 물끄러미 바라봤다. 눈빛에는 아쉽다는 의미와 약간의 원망이 섞여 있었다. 그 눈빛에 큰 독수리가 먼저 부리를 열었다.

"그런데 말이에요. 몇 가지 궁금한 것이 있어요. 빨간 토끼하고 눈이 부시도록 하얀 까마귀를 봤다고 했는데, 그 빨간색과 눈이 부시도록 하얀색이 도대체 어떤 색이죠?"

"빨간색이 빨간색이고, 하얀색이 하얀색이죠."

작은 독수리가 촉새처럼 재빨리 답을 했다. 그리고는 큰 독수리를 쳐다보니 눈빛에서 뭔가 잘못되었다는 것을 느낄 수 있었다. 역시 독수리는 촉새를 흉내 내면 안 된다.

"그럼, 잎사귀가 다이아몬드처럼 생겼다고 했는데, 오각형하고 비슷하게 생긴 건가요?"

"아뇨. 둥글게 생겼는데, 가장자리에 작은 육각형 모양이 빙 둘러져 있어요. 파리지옥 아시죠? 파리지옥처럼 생겼는데, 그 이빨인지 털인지 그렇게 생긴 것 대신에 육각형 모양이 붙어있다고 생각하시면 돼요."

"이런, 난 엉뚱한 상상을 하고 있었네요. 그럼 빨간색과 하얀색도 베라의 생각과 다를 수 있겠네요."

"헤라가 생각한 건 뭔데요?"

약간은 당황스럽다는 표정을 지으려 했지만, 근엄함의 대명사인 독수리에겐 쉬운 일이 아니었다. 그래서 그냥 날개를 으쓱해 보였다.

"앵두 알죠? 새콤한 맛이지만 너무 많이 먹으면 몸에 좋지 않다는 그 열매 말이에요. 우린 그 새콤한 맛 때문에 먹는 경우가 거의 없지만요. 하여튼 하루에 한두 개씩 먹어두면 우리 깃털이 고와진다고 하는 그 앵두요."

"헤라, 그 앵두가 왜요?"

"그러니까 난 빨간색을 그 앵두가 잘 익었을 때의 빨간색으로 생각했어요."

"그것과는 좀 다른데요."

"음…… 그리고 하얀 까마귀의 하얀색은 상상조차 안 되네요. 난 평생 검은 까마귀만 보아 왔거든요."

"헤라가 말한 그 앵두색하고 제가 말한 빨간색은 달라요. 제가 말한 빨간색은 산수유의 색하고 더 비슷해요. 앵두보다는 더 깊은 빨간색이라고 해야 맞을 것 같아요. 앵두는 좀 더 맑은 빨강이죠."

작은 독수리는 당차게 말을 이어갔다. 너무 당차게 말을 하다가 하마터면 나뭇가지를 걷어찰 뻔했다.

"하얀색은요?"

"흰 눈이 쌓여서 햇빛을 받아 반짝이는 모습이 가장 잘 어울릴 것 같아요."

"그 색 말인데요. 내가 몇 가지 물어볼게요."

"제 설명이 이상한가요?"

"그렇기도 하고 아니기도 해요. 내 질문을 들어봐요."

"네, 혜라."

"베라가 본 까마귀의 그 하얀색이 지금 말한 흰 눈과 정말 똑같은가요? 아니면 표현할 수 있는 방법이 그것밖에는 없는 건가요?"

잘나가다가 갑자기 절벽을 만난 기분이었다. 이 절벽은 뚝 떨어지는 절벽이 아니라 평지를 빠른 속도로 날다가 갑자기 벽처럼 등장한, 그러니까 절벽의 맨 아래에서 마주하게 된 절벽이었다. 아무리 새라도 이런 절벽은 당황스럽다.

"무슨 말이지요?"

"베라가 표현한 게 꿈 속에서 본 것과 정말 똑같은 거냐고 물었어요."

"음…… 비슷하지만 그렇지는 않은 것 같아요. 빨간색도, 하얀색도, 그리고 다이아몬드도요."

"그럴 거예요. 그래서 난 엉뚱한 다이아몬드를 상상했고, 심지어는 그 빨간색이라는 것조차 베라가 의도한 것과는 다른 빨간색을 상상하고 있었죠. 이게 무슨 일이죠?"

"미안해요. 제 문제인 것 같아요. 제가 더 잘 설명했어야 하는데……"

작은 독수리는 자기 잘못이라고 말하면서도 정말 자기가 잘못한 것인지 확신이 들지 않았다. 큰 독수리가 억지를 부리는 것도 아닌 것 같은데, 그렇다고 모두 자기 잘못이라고 고백하는 자신이 영 마음에 들지 않았다.

"그건 베라의 잘못이기도 하지만, 베라의 잘못이 아니기도 해요."

큰 독수리 특유의 표현이 또 나왔다. 사실 이런 소리를 자주 듣다보면 어떤 감이라는 것이 잡히는데 까마귀가 곧잘 잡고 쪼아먹는 감하고는 다르다. 이런 경우는 잘못이 아니라는 뒷부분에 무게를 실어주는 게 옳다. 물론 까마귀도 사람 눈을 피해 감을 잡았다고 좋아하지만 뒷부분, 즉 꼬리 부분에 누군가 던진 돌멩이 무게가 실리는 경우가 종종 있다. 이런 경우는 감을 잘못 잡은 경우다.

"무슨 말인지?"

"베라, 난 지금 언어라는 게 그만큼 불완전하다는 말을 하고 있는 거예요. 그래서 아무리 잘 전달하려고 애를 써도 언어의 불완전성 때문에 생각이나 심상을 제대로 전달하기 어려워요."

"그런 것 같아요. 전 헤라가 말한 빨간색 부분에서 너무 놀랐어요. 게다가 다이아몬드 잎사귀는 너무 엉뚱하게 전달이 된 것 같아요. 전 사람들이 가진 다이아몬드를 위에서 본 모습을 말한 건데, 헤라는 옆에서 본 오각형 모양의 다이아몬드를 생각한 것 같아요. 아닌가요?"

"맞아요. 다이아몬드도 보는 각도에 따라 모양이 다르죠."

"텐트를 어디서 보느냐에 따라 삼각형이 되기도 하고, 사각형이 되기도 하는 것하고 비슷한 거죠?"

"그래요. 그런데도 대부분의 독수리는 자신의 언어 표현에 문제가 없다고 생각해요. 게다가 특별한 경우가 아니면 자신의 언어 표현에 관해 곰곰이 살펴보는 경우를 찾아볼 수 없어요."

"저도 좀 전까지 헤라가 이상하다고 생각했어요. 죄송해요."

"아니에요, 죄송할 일은 아니죠. 중요한 것은 자신의 언어 표현이 얼마나 중요한지를 알아야 하는 것이고, 언어의 불완전성으로 인해 생길 수 있는 문제를 미리 생각해야 한다는 것이죠."

"네, 언어가 불완전하다는 것과 그래서 언어 표현이 얼마나 중요한지도 알겠어요. 언어가 완전했으면 이런 일은 생기지 않았을 테니까요."

큰 독수리가 정말 현명하다고 작은 독수리는 생각했다. 게다가 항상 어떻게 이런 명쾌한 논리를 이끌어내는지 그것도 대단하다고 생각했다.

"그래요, 하지만 언어가 불완전해서 우리가 창조적일 수 있는 거예요."

"네?"

작은 독수리는 어지럽다는 표현을 하기 위해 힘껏 머리를 가로저었다. 독수리가 180도를 넘어 거의 270도로 머리를 가로젓는 것은 숲의 경계를 가로지르는 미주리 강둑을 토끼가 가로질러 다니는 것을 응시하기 위해 머리를 가로젓는 경우에만 볼 수 있는 특별한 행동이다.

"상상의 소지를 제공한다는 걸 말하는 거예요. 베라가 다이아몬드 잎사귀를 말할 때, 나는 전혀 다른 잎사귀를 머릿속에 그리고 있었어요. 색깔도 마찬가지죠. 그런데 언어가 완전했다면 아마 나와 베라가 정확하게 같은 것을 생각하고 있었겠죠. 이렇게 언어의 불완전성은 새로운 것이나 엉뚱한 것을 생각할 수 있는 재료를 제공하기도 하는 거죠."

"와우, 정말 그러네요."

"하지만 틈이 너무 벌어지면 그건 언어가 아니라 몸짓이라고 해야 할 거예요."

"몸짓이요?"

"네, 몸짓. 보는 이들이 못 알아들어 속 터지는 그 몸짓."

"하하, 알겠어요."

"그나저나 아까 말한 것 중에 그 넝쿨처럼 자란 나무는 도대체 어떻게 생긴 거죠?"

"음…… 사실 설명하기 어려워요. 제가 발톱으로 그려서 보여 드리는 게 낫겠어요."

베라는 최선을 다해 나무 모양을 그렸다. 이를 보면서 큰 독수리는 연거푸 고개를 끄덕였다.

"알 것 같아요. 그런데 왜 이건 말로 설명이 잘 안되는 거죠?"

"음…… 이렇게 복잡한 건 말보다는 그림이 훨씬 이해하기 쉽지 않겠어요?"

"내가 물어 본 게 그건데요?"

가끔 이런 상황에 빠진다. 역시 언어는 불완전하다. 왜 말로 설명이 안 되느냐는 질문에 그림이 훨씬 이해하기 쉽다고 했으니 큰 독수리가 그냥 넘어갈 리가 없었다.

"그게……"

"베라는 꿈을 어떻게 꾸죠? 내 말은 우리가 토끼를 찾는다고 하면 토끼가 움직일 때 나는 소리, 움직이는 모습, 토끼의 냄새까지 확인하는 것처럼 꿈은 무엇으로 꾸느냐는 질문이에요."

"어려워요, 헤라."

"그러니까 꿈을 꾸는 도구가 뭐냐는 말이에요. 우리가 생각하거나 상상한다고 가정하면 그 도구가 뭐냐는 질문이에요."

이번엔 큰 독수리가 난감해진 것 같았다. 대답도 대답이지만 질문하기도 어렵기는 마찬가지였다.

"말, 그러니까 언어요."

"그게 전부인가요?"

"음…… 보이는 거요. 그러니까 삼각형을 머릿속으로 그리거나 하얀 까마귀를 꿈속에서 만난 것처럼 눈에 보이는 거요."

"맞아요, 그건 이미지예요. 물론 이미지가 연속되면 움직이는 모습이 되겠지만요."

"그런데 갑자기 그게 왜 중요하죠?"

"아까는 그래서 보여주는 게 낫겠다고 했잖아요?"

"……"

자주 있는 일이지만 이런 경우는 그냥 묵묵부답이 최고다. 곧 큰 독수리의 설명이 이어질 것이기 때문이었다.

"우리가 꿈을 꾸든, 골똘히 생각을 하든, 뭔가를 상상을 하든, 아니면 누군가에게 설명을 하든 그 재료는 언어와 이미지예요. 또 있나요?"

"정말 그러네요. 멋져요, 헤라."

"그게 중요한 게 아니고, 그렇기 때문에 이 두 가지를 사용하는 데 문제가 생기면 상상력은 그 언어와 이미지 속에 갇히고 말아요."

"갇힌다는 게 뭐죠?"

"감옥이죠."

"네? 감옥요?"

잘나가다가 난데없이 감옥이 등장했다. 작은 독수리에게는 지금 상황이 감옥에 갇힌 것과 마찬가지였다.

큰 독수리가 큰 날개를 한 번 퍼덕였다. 작은 독수리는 하마터면 그 날개에 맞아 거꾸로 떨어질 뻔했다. 그래도 최소한 배울 준비가 되어 있다는 걸 보여주기 위해 작은 독수리는 눈에 힘을 주었다.

"지난번에 말해준 것 같은데, 사람하고 친하다는 앵무새 얘기 기억나요?"

"네, 사람하고 말도 한다면서요?"

"그렇지만 그건 아무것도 아니에요. 자기 생각도 없이 그냥 따라하는 것뿐이니 절대로 창조적인 게 아니죠. 그 나쁜 앵무새 녀석들……"

"죄송해요. 전 그냥……"

큰 독수리는 작은 독수리가 앵무새를 부러워하는 투로 얘기하자 화가 나기 시작했다. 숲을 해치는 사람과 친한 척하는 앵무새를 부러워하는 것은 독수리가 할 일이 아니었다.

"아니에요. 하여튼 내가 말하고 싶은 것은 갇힌다는 거예요."

"감옥에 갇히는 것부터 설명해 주세요."

"그 앵무새들은 사람과 만나기 위해 영혼을 팔아요. 사람 손등에 앉아서 주는 먹이만 받아먹고 사람의 말을 흉내 내죠."

"그럼 사냥도 안하겠네요?"

"아마 사냥하는 방법도 잊어버렸을 거예요."

"바보가 된 거군요."

"맞아요. 게다가 사람들은 잠들 시간이 되거나 다른 일을 해야 할 때면 앵무새를 새장에 가둬요. 그때부터 앵무새가 새장에 갇혀서 할 수 있는 일이라고는 빙빙 돌거나 사람이 가르쳐준 말을 흉내 내는 것뿐이죠. 이게 갇히는 거예요. 이제 갇힌다는 말의 의미를 알겠어요?"

"그러니까 갇힌다는 것은 그 속에서 할 수 있는 일이 아주 적어진다는 건가요?"

"바로 그거예요."

"결국 우리의 사고는 언어와 이미지로 하는 것이고, 그 언어와 이미지를 잘 사용하지 못하면 사고는 제한될 수밖에 없다는 말씀이죠?"

큰 독수리의 부리 주위에 웃음이 돌았다. 이럴 때는 얼굴이 좀 넓적하게 변하는데 날카로운 눈과 구부러진 부리 때문에 평상시와 큰 차이가 생기지는 않는다.

"얼마 전에 앵무새 얘기를 할 때, 내게 텐트 이야기를 해줬잖아요?"

"그랬죠. 위에서 보면 사각형, 한쪽 측면에서 보면 삼각형, 다른 측면에서 보면 사각형."

"그런데 그 텐트를 만든 사람이 텐트 이미지를 상상할 수 없었다면 어떻겠어요?"

"텐트를 만들긴 다 틀렸겠죠, 뭐."

"맞아요. 그리고 가끔 정신을 빼놓는 시끄러운 딱따구리 알죠?"

"네, 아주 골치 아픈 녀석들이죠. 하지만 그 녀석들은 집을 참 잘 지어요. 나무만 쓰러지지 않는다면 폭풍우가 와도 끄떡없죠."

"그런데 그 딱따구리가 아무 생각 없이 마구 쪼아대면서 집을 지을까요?"

"그건 아니라고 들었어요. 그 녀석들은 집을 짓기 전에 둥지의 깊이와 넓이 같은 것을 다 계산해서 큰 떡갈나무 잎에 그려본다고 했어요."

"바로 그거예요. 딱따구리들은 이미지로 상상하는 데 선수들이에요. 그래서 잘 상상한다는 것은 언어나 이미지를 잘 사용한다는 것과 같아요."

이젠 거의 모든 게 선명해지고 있었다. 언어도, 이미지도, 큰 독수리의 말도.

"그런데 이미지로 상상을 잘하면 부리도 튼튼해지나요?"

"그건 무슨 소리죠?"

"딱따구리가 이미지로 상상을 잘한다면서요?"

"뭐라고요? 내 부리 맛 좀 봐야 정신을 차릴 건가요?"

작은 독수리는 장난조차 받아주지 않는 큰 독수리가 좀 야속했지만 큰 독수리가 맺고 끊는 것이 명확한 걸 잘 알면서도 자신이 너무 엇나간 게 문제라고 생각했다.

"저는 그냥……"

"알아요."

"죄송해요."

"대신 이런 일을 통해서 배우는 게 있어야 해요. 그냥 혼나는 것이 전부라면 혼날 필요도, 혼낼 필요도 없지 않겠어요?"

큰 독수리는 모든 게 너무나 교훈적이었다. 이럴 때 그냥 넘어가면 독수리가 부엉이로 변하기라도 할 것 같았다.

"조심할게요. 그런데 그 상상 말이에요. 이미지를 상상하는 건 알겠는데 노래도 상상이 되나요?"

"돼요."

딱 부러지는 큰 독수리의 대답이었다. 그 소리에 맞춰 옆 나무의 가지가 딱 부러지는 바람에 작은 독수리는 가슴이 덜컹했다. 그런데도 그게 뭔지 아직 감이 잡히질 않았다.

"어떻게요?"

"베라, 아까 말한 연못 건너에 사는 꾀꼬리를 본 적 있어요?"

"그럼요. 그 붉은 주둥이와 노란색 깃털을 자랑하고 다니는 그 새를 말하는 거죠?"

"맞아요. 그 꾀꼬리가 잘하는 게 뭔 줄 알아요?"

"그런 건 잘 모르겠고, 어찌나 잘 떠들고 자랑해대는지 별로 마음에 들지는 않았어요. 게다가 그 목소리가 숲 밖에서도 들릴 정도로 높은 톤이어서 사냥꾼이라도 나타날까봐 덜컥 겁이 났어요."

"하지만 그 꾀꼬리는 대단한 능력을 갖고 있어요."

"그게 뭐죠?"

"상상으로 노래 부르기요."

"꾀꼬리가 그런 재주를 갖고 있다고요?"

큰 독수리 말이 맞기는 했다. 엄청나게 큰 목소리와 귀를 찢을 듯한 톤으로 부르는 노래는 분명 흉내 내기 어려운 실력이었다. 그런데 상상으로 노래를 부를 줄 안다고 하니 꾀꼬리가 더 궁금해졌다.

"아주 옛날 얘기예요. 베라가 만난 그 꾀꼬리의 할아버지가 젊었을 때, 결혼을 막 하고 저 너머 숲에서 이사를 왔어요. 정말 조용하고 점잖은 분이셨죠."

"오우, 제가 만난 꾀꼬리하고는 전혀 다른 분이셨군요."

"그런 식으로 비아냥거리는 것은 친구를 사귀는 좋은 태도가 아니라고 말해준 것 같은데요? 그럴수록 친구를 감싸주는 게 옳다고 지난번에 가르쳐주지 않았나요?"

"네, 전 하도 시끄러운 기억 때문에…… 죄송해요. 꾀꼬리 할아버지 얘기를 계속해 주세요."

역시 뭔가가 안 되는 날은 이런 일들이 계속 벌어진다. 토끼를 잡으러 가서도 어이없이 놓치는 날은 계속 그런 일이 벌어진다. 마치 토끼가 '나 잡아 봐라!' 하듯이.

"그로부터 얼마 지나지 않아 사람들이 숲을 파헤치기 시작했어요. 그 사람들이 들어온 거죠."

"어떤 사람들이죠?"

"평원에서 우리를 몰아낸 그 사람들의 자손들요. 그때 딱따구리도 집을 잃었고, 너구리도 나뭇등걸을 빼앗겼어요. 숲의 배신자인 앵무새가 앞장서서 사람들을 데리고 들어온 거죠."

"이 배신자들…… 그래서요?"

작은 독수리도 긴장한 빛이 역력했다. 넓은 어깨로 당당하게 서서 m자를 만들던 모습이 얼마나 몸을 움츠렸는지 거의 i자로 만들어졌으니 말이다.

"방법이 별로 없었어요. 사람을 내쫓기 위해서는 수를 써야 했는데, 숲을 너무나 잘 아는 앵무새가 배신을 했으니 숲이 망가지는 건 시간문제였죠."

큰 독수리의 큰 눈에 눈물이 글썽이는 것이 작은 독수리의 눈에 보였다.

"그때 이사 온 지 얼마 안 된 꾀꼬리가 나섰어요. 자기가 앵무새와 싸워보겠다고 한 거죠."

"그래서요?"

"꾀꼬리 부부는 자기가 살던 건너 숲에 있는 친구들을 불렀고, 모두가 죽을 힘을 다해 사람과 앵무새에게 덤볐어요. 앵무새는 새장에 갇힌 채 바닥에 내동댕이쳐졌고, 사람도 여러 명이 코와 얼굴을 다쳤어요. 꾀꼬리들의 부리 공격에 결국 사람들은 다 줄행랑을 치고 말았죠."

"와우!"

"정말 대단했어요. 그때 앵무새는 머리 위에 왕관처럼 꽂고 다니던 깃털을 잃었고, 배신자로 낙인찍혀 숲의 한 구석으로 쫓겨나고 말았죠."

"배신자의 최후는 항상 초라하군요."

"당연하죠. 그 다음날 잔치가 벌어졌고, 그때 우리도 처음으로 꾀꼬리의 노래를 듣게 되었어요."

"꾀꼬리가 노래를 잘했나요?"

"다들 놀라서 부리를 다물지 못했어요. 말도 잘 하지 않던 꾀꼬리가 부르는 그 노래 소리는 정말 대단해서 앵무새는 꾀꼬리 근처에도 얼씬하기 어려울 거라고 생각했죠."

"그렇게 점잖으신 분들이 어떻게 노래를 연습했죠?"

"그래서 다들 물었죠. 언제 노래 연습을 했냐고?"

"그랬더니요?"

"놀랍게도 꾀꼬리는 노래를 머릿속으로 부를 수 있다고 했어요. 그러니까 소리를 내지 않고도 노래 연습을 할 수 있다는 거였죠."

"네? 정말 그게 가능해요?"

"내가 듣기로는 사람도 그렇게 할 수 있다고 해요. 그런 사람들을 가수라고 부르는 모양인데, 이 사람들은 소리를 내지 않고도 자주 상상 속에서 노래 연습을 한다고 들었어요."

"음……"

"그래서 사람이 무서운 존재라는 거예요. 입을 벌리지 않고 소리 내는 연습을 한다는 건 대단한 일이죠. 물론 그걸 해낸 저 꾀꼬리도 그렇고요."

작은 독수리는 꾀꼬리가 정말 대단하게 생각됐다. 벌레나 잡는 꾀꼬리가 앵무새나 사람을 물리친 용기도 그렇고, 상상 속에서 노래 연습도 할 수 있다는 건 더 놀라웠다.

"그런데 헤라, 상상 속에서 노래 연습을 하는 것하고, 제가 상상 속에서 써머솔트 다이빙을 연습하는 것하고 비슷한 것 아닌가요?"

"와, 생각해냈군요. 사실 대상만 다르지 방법은 같은 거죠."

"그럼 저는 지금부터 다이빙 연습을 해야겠어요."

작은 독수리는 눈을 감았다. 숲의 한가운데를 지나 숲의 경계인 미주리강을 거슬러 올라가다가 하늘 높이 솟구쳤다. 그때 희미하게 큰 독수리의 소리가 들렸다.

"베라, 자요? 아직 내 얘기 안 끝났어요. 베라! 베라……"

두 번째 베라를 부르는 소리는 미루나무 밑을 지나가던 개미도 듣지 못할 만큼 작은 소리였다. 이어 큰 독수리의 눈꺼풀 닫히는 소리가 '탁'하고 들려왔다.

05

본질, 보이지 않는 진실

과학은 개념으로 설명되지만 예술은 미적 형상으로 표현된다. 결국 이
둘은 하나의 뿌리를 가졌고, 그 표현의 방법만 다른 것이다. 바꿔 말하
면 우리가 말하는 과학과 예술의 뿌리는 하나인 것이다. 다빈치는 자
신의 학문세계를 주로 예술로 표현했을 뿐이고, 우리가 본 것은 그 표
현일 뿐이다. 이것이 과학과 예술의 뿌리이자 본질이다. 그런데 왜 사
람들은 예술가의 눈으로, 과학자의 눈으로 세계를 보지 못하는 것일
까? 그것은 자기가 지금까지 본 방법으로 세계를 보기 때문이고, 그 방
법이 오로지 하나이기 때문이다.

"헤라, 너구리 라쿤을 아세요?"

"글쎄요."

"지난번에 저와 함께 만난 적이 있는 그 너구리요."

작은 독수리는 큰 독수리가 모르는 척 하는 것인지, 아니면 다른 너구리와 헷갈리는 것인지 어쨌든 한마디만으로는 알기 어렵다는 것을 말하고 있다고 생각했다. 좀 더 정확한 설명이 필요할 것 같았다.

"몇 달 전에 마모트를 잡으러 가면서 만났던 그 너구리요. 헤라가 오랜만이라고 인사하면서 '연못가 그루터기 근처에 아직 사느냐'고 물었잖아요?"

"그랬던 게 기억나요."

"그 너구리 어린 시절 얘기를 들었어요."

"그런데요?"

"숲속의 많은 식구가 라쿤을 별로 질이 안 좋은 너구리라고 그런다면서요?"

"왜 그렇죠?"

"어렸을 때부터 어른들에게 함부로 하고 제멋대로 나뭇등걸을 파헤치고 그랬대요."

"그래서요?"

"그건 나쁜 거죠. 헤라도 그런 건 나쁘다고 했잖아요."

"그래서요?"

"네?"

작은 독수리는 큰 독수리가 '어떤 대답을 원하는지'보다 자신의 판단에 문제를 제기하고 있음을 느꼈다. 사실 이런 부정적인 질문을 받는 것은 그리 기분 좋은 일은 아니다. 좀 심각한 상황이 전개될지도 모른다는 판단이 스쳤다.

"라쿤이 나쁜 너구리라는 걸 말하고 싶은 건가요?"

"네…… 반드시 그런 건 아니지만, 착한 너구리라는 생각은 안 들어요."

"왜 그렇죠?"

"헤라가 제게 하지 말라고 한 짓을 한 너구리를 착하다고는 할 수 없는 거죠."

"맞아요. 나도 할아버지에게 그런 질문을 한 적이 있었어요. 베라가 들은 대로 그 너구리가 아주 어렸을 때죠. 라쿤은 숲의 식구들에게서 손가락질을 받았어요."

"제가 지금 그 얘기를 하는 거예요."

사실 논쟁이 길어져서 작은 독수리가 좋았던 적은 별로 없었다. 하지만 이번엔 자신의 생각이 옳다는 확신이 저 발톱 끝에서부터 부리로 올라오는 것을 느꼈다.

"그런데 할아버지는 '지금은 그럴지 모르지만, 앞으로 장래가 촉망되는 어린이일 수 있다'고 말씀하셨어요."

작은 독수리는 숲의 많은 식구가 그렇게 믿고 있는데, 큰 독수리만 할아버지의 얘기를 받아들이고 있다는 생각이 들었다. 그건 좋지 않기도 하지만 옳지 않은 일이기도 하다는 생각이 계속 맴돌았다.

"이 숲의 식구들이 대부분 나쁘다고 하는데요?"

"그럴 수도 있고, 아닐 수도 있죠."

"뭐가요?"

"모두가 믿고 있거나 믿는 것처럼 보이는 것하고 본질은 다를 수 있는 거예요."

"모두가 틀렸다는 건가요?"

"아니요."

"무슨 얘긴지 통 모르겠어요."

"지금은 맞지만 미래에는 틀릴 수도 있고, 과거에는 맞았지만 지금은 틀릴 수도 있다는 얘기를 하는 거예요. 더 중요한 것은 지금의 생각과 판단이 사실과는 다른 것일 수도 있다는 거죠. 할아버지는 그걸 얘기하신 거예요. 본질을 봐야 한다는 얘기예요."

"본질요?"

"네. 나도 그걸 이해하는 데 많은 시간이 필요했어요. 언젠가 너구리 라쿤이 못된 여우 스톨린의 집에 쳐들어간 적이 있었어요. 스톨린이 라쿤의 도토리와 개구리를 훔쳐간 다음날이었죠. 힘이 센 라쿤은 화가 나서 여우 굴에 아주 눌러 앉아 살았어요. 그런데 얼마 지나지 않아 스톨린의 친구인 여우원숭이 무리들이 라쿤을 모함하기 시작했죠. 그 후로 라쿤은 이 숲에서 훌리건 취급을 받기 시작했어요. 특히 늙은 여우원숭이들이 자신들의 먼 친척 스톨린을 보호하기 위해 아주 열심이었죠. 지금도 여우원숭이들은 라쿤을 훌리건보다 더 나쁜 존재라고 떠들고 있어요. 하지만 이 일의 원인을 제공한 것은 도둑질을 한 여우 스톨린이었죠."

"여우원숭이들은 '라쿤이 노인을 때리기도 했다.'고 하던데요?"

"나는 아니라고 생각해요. 라쿤은 깍듯해요."

"그래도, 그건……"

"중요한 건 본질을 보는 것이에요."

작은 독수리는 라쿤이 생각했던 것보다 그렇게 나쁜 너구리는 아닐 것이라는 생각이 들기 시작했다. 하지만 큰 독수리도 너무 라쿤만 편든다는 느낌을 지울 수 없었다.

"그럼 라쿤은 좋은 너구리인가요?"

"그럴 수도 있고, 아닐 수도 있죠."

"잘 모른다는 말씀을 하시는 건가요?"

"아뇨. 너구리는 이 숲의 정의를 만들어 왔어요. 거짓말과 속이는 것을 재미삼아 하는 여우나 촐랑대는 마모트들을 가끔 혼내 주기도 하죠. 심지어는 집에 쳐들어가서 그들을 몰아내기도 했어요. 그런 면에서는 아주 좋은 이웃이자 보안관인 셈이죠."

다 인정한다 해도 작은 독수리는 첫 만남에서 느꼈던 그 지독한 냄새는 숲의 일원으로서 달갑지 않았다.

"그 너구리의 냄새는요? 도대체 왜 연못 근처에 살면서 그런 냄새를 풍기는지 알 수가 없어요."

"좀 냄새가 나긴 하죠."

"아주 지독하죠. 마치 헤라의 발냄새처럼……"

"이런!"

"미안해요, 헤라. 난…… 그냥 지독한 냄새라는 것을 말하고 싶었을 뿐이에요."

작은 독수리는 말실수한 것을 후회했다. 그렇지만 큰 독수리가 그렇게 기분 나쁜 표정이 아니라는 것을 알아채고는 살짝 고개를 숙여 미안함을 표시했다.

"하지만 말이에요, 너구리 라쿤이 아니면 우린 시끄러워서 살 수 없을지도 몰라요."

"왜요?"

"여우나 여우원숭이들은 너무 시끄러워요. 특히 자신들의 잘못을 감추기 위해 주변의 이웃들을 모함하고 공격해요. 그래서 그들에게는 이웃이 없는 거예요. 더구나 그들은 자신들에게 옳은 소리를 하거나 반대하는 상대를 모함해서 나쁜 존재로 만들어 버려요. 자신들의 다섯 감각을 온통 이런 데 써먹고 있는 거죠."

"그래도 숲의 식구들은 헤라처럼 너구리를 좋은 이웃으로 생각하지 않아요. 오히려 여우나 여우·원숭이 말을 더 신뢰하죠."

"믿는 것과 본질은 다를 수 있는 거라니까요."

"이해가 안돼요."

"그래요. 본질을 아는 독수리나 숲의 식구는 드물어요. 그들은 대다수가 '그렇다'고 생각하면 자신도 그렇게 생각해야 한다고 생각하죠. 베라도 내 말보다는 잠깐 동안 누군가에게 들은 말을 더 믿는 것 아닌가요?"

"혜라, 그런 건 아니에요."

자신을 믿어주는 큰 독수리의 말을 신뢰하지 않는다는 것을 들킨 것처럼 얼굴 붉어질 일은 별로 없을 것이다. 작은 독수리는 큰 독수리와의 대화가 처음부터 잘못 시작되었다는 것을 깨달았다.

"너구리 라쿤은 성질이 급하고 생각한 것을 바로 행동으로 옮기는 무모한 성격이지만, 거짓말을 하거나 남이 모아둔 식량을 빼앗아가는 여우하고는 달라요. 문제는 그걸 숲 속 식구들이 모른다는 거죠."

"그러니까 혜라는 모두가 믿는 것하고 실제는 다를 수 있다고 말하는 거죠?"

"그래요. 아까도 말했지만 보이는 것이 본질은 아니라는 얘기죠."

모두 이해할 것 같던 작은 독수리가 이 대목에서 혼란스러워졌다.

"보이는 것이 본질이 아니라면, 본질은 보이지 않는 것이라는 뜻인가요?"

"오우우!"

이런 감탄사는 처음이었다. 하지만 좋은 감탄사는 뒤가 짧은 편인데, 이건 좀 뒤가 길게 들려서 그리 기분 좋게 들리지는 않았다.

"그럼, 잘 알지 못한다는 뜻인가요?"

"그거예요. 보이든 보이지 않든 그것의 숨은 진실이 본질인 것이지, 그냥 보이는 껍데기가 본질은 아니라는 의미죠."

"조금은 알 것 같아요."

"그럼 너구리가 너구리다운 게 뭔지 말해 봐요."

"약삭빠르고, 거짓말하고, 남의 것을 사기 쳐서 빼앗는 숲의 악당들을 응징하는 보안관 같은 존재?"

"그렇죠. 그것이 너구리를 더 너구리답게 하는 것이죠. 하지만 우리가 그걸 제대로 보고 알기 위해서는 지금 나눈 대화처럼 많은 것을 스스로에게 물어야 해요."

"무얼 묻나요?"

"뭘 알기 위해서는 누군가에게 물어야 해요. 아니면 스스로 배우든가. 그리고 그 모르는 걸 스스로에게 물으라고 하는 거예요. '왜' 그런지와 '그래서' 어떻다는 것인지를 묻는 거죠."

"이걸 누구에게 묻는다고요?"

"바로 자기 자신요."

그것에 대해 아무것도 모르는 자신에게 이런 질문이 무슨 소용인지 작은 독수리는 알쏭달쏭했다. 하지만 자신이 무엇인가를 자세히 알려고 하지 않았고, 그냥 껍데기만 가지고 판단하려 했다는 사실에는 스스로도 놀라지 않을 수 없었다. 그런 생각에 이르자 갑자기 무엇이 잘못된 것인지 궁금해졌다.

"그러니까 헤라의 말은 모든 것의 진짜 모습을 찾으라는 거죠?"

"그래요. 판단은 그 다음에 해도 늦지 않아요, 항상."

"라쿤이 헤라에게 그렇게 친절했던 이유를 알 것 같아요."

"그건 무슨 소리죠?"

"헤라는 너구리가 하는 행동의 본질을 알아주셨잖아요."

"이런, 아직 수업을 끝낼 때가 아닌 것 같네요."

작은 독수리는 괜한 소리를 했다는 생각이 들었다.

"베라, 그러니까 라쿤을 좋게 생각해주니까 내게 친절하다는 얘기를 하고 싶은 건가요?"

"아니, 뭐……"

"본질에는 '왜'라는 단어가 적절치 않아요. 왜냐하면 그것은

'왜'가 필요 없는 본질이니까."

"……"

"그럴 때는 자신의 의견보다는 분석을 얘기하는 것이 좋지 않을까요?"

"분석이요?"

"그래요, 분석이요. 분석은 잘게 나누어서 들여다보는 거예요. 그러니까 너구리의 행동을 평가하려면 실제 사례들을 찾아서 모아보고 '왜 그런 행동을 했는지'를 따져봐야 하는 거죠, 하나 하나씩."

"그렇게 하다 보면 너구리가 그렇게 행동했던 이유를 하나씩 알아가게 될 것이고, 그걸 통해서 너구리 성품의 본질이 어떤지 판단할 수 있다는 말인가요?"

"바로 그거예요."

순간 작은 독수리는 곧 수업이 끝날 수 있겠다는 생각이 들었다. 하지만 일초도 지나지 않아 또 잘못된 판단을 했다는 걸 깨달았다.

"숲 중앙의 레드우드 군락을 지나서 우측으로 날아가다 보면 아주 오래된 사과나무 숲이 있어요."

"알아요. 가서는 안 된다고 말씀하신 그 숲이죠?"

"맞아요, 가을이면 그 숲에 사람들이 나타나서 사과를 따가요. 재미있는 것은 까마귀가 우리와도 친하지 않지만 사람들하고는 더 안 친하다는 거예요."

"왜요?"

"자신들의 먹이인 사과를 사람들이 훔쳐가기 때문이죠, 뭐. 까마귀 입장에서는……"

"그래도 까마귀가 사람을 어떻게 할 수는 없지 않나요?"

"맞아요. 하지만 까마귀가 잔머리를 썼어요. 사과를 사람들이 먹지 못하게 쪼아놓는 거죠."

"그럼 사람들은 사과를 못 따갔겠군요."

"그렇다고 까마귀가 이긴 건 아니에요. 까마귀는 게을러서 모든 사과를 쪼아놓지도 않았을 뿐만 아니라, 사람이 오는지 망을 보다가 사람들이 던진 돌에 맞기도 했어요."

"돌에 맞아요? 그럼 어떻게 돼요?"

"떨어지죠. 사과가 뚝 떨어지는 것처럼. 그 다음엔 사람들이 전리품으로 까마귀를 잡아가죠."

사람들이 까마귀의 두 다리를 풀로 묶어서 어깨에 메고 가는 모습을 상상하니 웃음이 나왔다. 독수리에게 까마귀는 코요테만큼이나 성가신 존재였다.

"그런데 모든 건 왜 땅으로 떨어져요? 까마귀가 돌에 맞았을 때 땅으로 떨어지는 대신 하늘로 올라가면 사람들에게 붙들리지는 않았을 텐데요."

"와우! 바로 그거예요. 뚝 떨어지는 것."

"네?"

작은 독수리는 머릿속이 하얗게 된 것인지, 까마귀 깃털처럼 까맣게 된 것인지 헷갈렸다.

"아주 오랜 옛날에, 저 까마귀들이 사과나무 숲을 점령하기 전에 그곳은 우리 독수리들의 사냥터였어요. 우리 할아버지들은 지금처럼 하늘에서 다이빙을 하지 않아도 토끼를 잡을 수 있었죠."

"그게 어떻게 가능하죠?"

"사과나무 덕이었죠. 저 사과나무 근처에는 많은 새와 동물이 모여들었고 사과를 먹고 살았어요. 심지어는 사과나무 벌레도 사과나무의 잎사귀와 거드랑이를 뜯어먹으며 살았죠. 들쥐조차 사과나무 밑의 식물과 나무뿌리를 갉아먹으려고 모여들었죠. 토끼들도 사과나무 밑에서 자라는 부드러운 클로버를 찾아서 모여들었고요. 그래서 우린 그냥 모여드는 토끼들을 사과나무 밑에서 숨어서 기다리다가 잡아먹으면 그만이었죠."

"멋져요. 그 맛난 토끼들이 제 발로 뛰어서 부리로 들어오는 것 같아요."

"그런데 토끼들만 사과나무 밑으로 온 게 아니었어요."

"그럼 또 무슨 맛있는 게……"

"바로 사과였어요."

"사과가 발이라도 달렸나요?"

"물론 아니죠. 사과가 빨갛게 익고 시간이 지나면 계속해서 나무에서 떨어지겠죠? 물론 이 사과에 잘못 맞으면 들쥐 정도는 납작한 피자처럼 되고 말아요. 우리 독수리도 한번 떨어지는 사과에 잘못 맞으면 한두 시간은 정신을 잃을 수도 있죠."

"그래서요?"

"사과를 피할 방법을 알아내기 위해 우리의 어느 현명한 할아버지는 '왜 사과는 땅으로 떨어질까'를 연구하기 시작하셨죠."

"그럼 그걸 알아내셨나요?"

"그럼요, 그 유명한 뉴턴Isaac Newton 할아버지가 이게 물체들 간에 잡아당기는 힘 때문이라는 걸 밝혀내셨죠."

"대단해요."

"그래요, 그렇게 만유인력이 발견된 거죠. 무게를 갖는 물체들이 서로 잡아당기는 힘 때문에 사과는 땅으로 떨어질 수밖에 없었던 거죠. 만약 사과가 지구만큼 무겁다면 몰라도."

"그런 걸 어떻게 생각해 내셨는지 정말 놀라워요."

"뉴턴 할아버지는 이 사과를 실마리로 해서 사과가 떨어지는 것이나 행성들이 태양 주위를 도는 것이나 그 원리는 마찬가지라는 것을 밝혀내셨어요. 그리고 우주에 있는 모든 물체가 서로 끌어당긴다는 것도 알아내셨죠. 뉴턴 할아버지는 여기서 그치지 않고 행성의 운동을 행성과 행성 사이의 만유인력으로 설명하는 데 성공하셨어요. 사과에서 정말 놀라운 실마리를 발견하신 거죠."

작은 독수리는 그런데 왜 지금은 사과나무 숲에 가면 안 되는 것인지 궁금해졌다.

"그 사과나무 숲에는 왜 못 가게 되었어요?"

"까마귀들 때문이에요. 까마귀들은 아주 오래 전에는 사과가 아니라 우리처럼 아주 작은 토끼나 마모트들을 잡아먹고 살았어요. 하지만 토끼나 마모트는 우리가 훨씬 잘 잡았죠. 그러니까 샘이 많은 까마귀들이 우리가 사냥 나간 틈을 타서 집에 똥을 싸고 도망가기를 반복했어요. 그 냄새가……"

"그래서요?"

"그 이후로 까마귀는 토끼나 마모트에게 접근도 못하도록 했어요. 까마귀들이 사냥하러 구릉지나 강가에 나오면 독수리 할아버지들이 집중적으로 까마귀를 공격했죠."

"와우!"

"그런데 이 녀석들이 먹을 게 없어 배가 고파지자 별 수 없이 사과를 먹어 본 거예요. 그 이후로 그 시큼한 사과 맛을 까마귀 녀석들이 좋아하게 된 거고요."

"까마귀들은 별 걸 다 먹네요."

"그다음부터 사과나무 숲은 오통 까마귀들로 북적였고 사람들은 사과를 따가기 위해 까마귀에게 돌을 던져댔죠. 그 돌에 맞으면 우리 독수리도 큰일 나요. 그래서 사과나무 숲에 가면 안 되는 거예요."

"그럼 사람들은 까마귀하고 싸워서 이겼나요?"

"아뇨. 지독하게 집착이 심한 까마귀 때문에 사람도 지쳤어요. 그래서 결국 사람들은 사과나무를 마을 근처에 옮겨 심기로 결정했어요. 그걸 키우는 사람들을 농부라고 하죠. 옮겨진 사과나무엔 그물이 쳐져 있어서 까마귀들이 갔다가는 잡히기 십상이죠. 물론 우리도 마찬가지고요."

"농부들은 까마귀가 쪼지 않은 사과를 딸 수 있었겠네요?"

"맞아요. 그렇게 숲에는 어느 정도 평화가 찾아왔어요. 우리 독수리들은 그 후로 숲의 구릉지나 미주리 강에서 다시 사냥을 시작했고, 까마귀들은 가을이면 몇 그루 남지 않은 사과나무를 두고 사람과 전쟁을 해 왔죠."

"농부들도 행복했겠어요. 까마귀가 옮겨 심은 사과나무에 접근하지 못했을 테니까요."

"그래요, 마을에서 사과를 수확한 농부들이 행복해하는 모습을 보니 뉴턴 할아버지가 생각나더라고요."

"같은 사과 때문에 너무나 다른 일들이 일어났어요."

"맞아요, 그럼 같은 사과가 어떻게 달라졌는지 설명할 수 있나요?"

"먼저 뉴턴 할아버지에게 사과는 위대한 만유인력을 발견하는 실마리를 제공한 과학의 사과였어요. 농부들이 사과나무를 옮겨 심고 수확한 사과는 행복의 사과일 거예요. 까마귀에게는 그저 먹을거리겠지만요."

"맞아요. 같은 것에서 발견할 수 있는 본질이 너무나 다른 것일 수도 있다는 사실도 알겠죠?"

작은 독수리는 머릿속으로 사과가 떨어지는 상상을 해봤다. 머리에 한 대 맞는 상상도 해봤다. 사과가 하늘로 날아 올라가는 상상도 해봤다. 실제로 하늘을 올려다보니 오늘은 깃털에 물이 들 정도로 파란색이었다.

"헤라, 그런데 하늘은 왜 파래요?"

"뭐가 궁금한 거죠?"

"하늘이 왜 파란지 궁금해요. 무지개는 7가지 색을 가졌는데, 하늘은 파란색이에요."

"뉴턴 할아버지가 돌아가시고 상당한 세월이 흘렀어요. 틴달 John Tyndall 이라는 할아버지가 태어났고, 그 할아버지는 지금의 베라하고 똑같은 궁금증을 가지셨어요."

"그래서요?"

"그 할아버지는 하늘의 색깔이 대기 중의 먼지나 다른 입자들과 햇빛이 부딪혀서 산란하는 과정에 의해 결정된다는 사실을 발견해내셨어요."

"대단해요."

"우리는 그 이후로 하늘의 색깔만 봐도 바다 건너 서쪽에서 더러워진 공기가 들어오는 것을 알 수 있게 되었고, 그런 날은 사냥을 하지 않았어요."

"그래서 하늘이 파랗게 보일 때만 사냥을 하라는 거였군요."

"그래요. 그 전까지는 그 누구도 하늘이 왜 파랗게 보이는지 궁금해하지 않았어요. 그냥 '하늘이니까 파란가보다'라고 생각한 거예요. 하지만 틴달 할아버지는 그냥 지나치지 않았어요. 이렇게 해야 본질을 찾을 수 있지 않겠어요?"

작은 독수리는 대단한 할아버지들이 무척 존경스러웠고, 그 후손이라는 것이 정말 자랑스러웠다. 하지만 슬슬 잠이 오고 있다는 게 느껴졌다. 이제 그만 수업을 끝내자고 말하려는 순간, 아직 멀었다는 큰 독수리의 신호가 왔다.

"마르셀 뒤샹Marcel Duchamp이라는 독수리 화가 할아버지 이야기를 들어본 적 있나요?"

"이름은 알아요. 하지만 그 독수리 할아버지 작품은 우리가 볼 수 없어요. 유명한 화가셨다고 들었는데, 작품을 어른들만 볼 수 있나 봐요."

"뭐라고요? 왜 청년들이 볼 수 없다는 거죠?"

"너무 외설적이라고 해요. 작품에 누드 같은 이름을 붙였나 봐."

"「계단을 내려오는 누드」를 말하는 건가요?"

"맞아요, 「계단을 내려오는 누드」. 게다가 원본은 사람들이 훔쳐간 모양이에요."

"그래서 우리에겐 사진만 남아 있죠. 베라는 사진도 못 봤겠네요?"

"사실은…… 몰래 본 적이 있어요."

갑자기 얼굴이 화끈 달아올랐다. 근엄한 표정의 대명사인 독수리가 얼굴이 빨개진다는 건 상상도 할 수 없는 일이지만 이 상황은 뭘 훔쳐보다 들킨 것과 똑같은 상황이었다.

"오, 그래요? 어땠어요?"

이걸 어떻게 대답하라는 건지 갑자기 머리가 멍해졌다. 까마귀의 머릿속이 항상 이런 상태일 것이라고 생각하니 웃긴다는 생각도 들었다.

"사실 전 보긴 봤지만…… 아뇨, 자세히, 아주 자세히 봤지만 뭐가 뭔지 모르겠어요. 게다가 누드라는 조그만 기대조차 무참히 무너졌어요."

"누드가 아니었다는 건가요?"

"누드인지 뭔지, 도대체 뭔지 알 수가 없었어요."

"그럼 그 그림에서 알아낸 건 뭐죠?"

"계단이 있는 것 같고, 사람의 다리 같은 게 여러 개 있었는데, 더 이상은 눈에 아무리 힘을 주고 봐도 보이질 않았어요. 아무리 시력이 좋은 독수리라도 이걸 알아보기는 어려울 거예요."

"그럼, 아까 말해준 분석을 시작해 볼까요?"

"분석요? 뭘 분석하죠?"

"그림의 제목인 「계단을 내려오는 누드」를 분석하는 거죠."

"분석하나 마나 「계단을 내려오는 누드」 아닌가요?"

큰 독수리의 눈에서 불이 번쩍하는 것 같았다. 저런 눈빛은 구릉지에서 마모트를 한 번에 두 마리씩 잡아챌 때나 볼 수 있는 그런 눈빛이었다. 결과는 마모트 두 마리가 죽게 되는 것이다. 그럼 지금은?

"베라! 그런 태도는 마모트와 다르지 않아요. 베라가 말한 '생각 없는 것들'이 바로 자신이란 말인가요?"

"죄송해요. 전 그냥……"

정말 죽을 뻔했다고 표현하는 것이 딱 어울리는 순간이었다. 이럴 땐 넙죽 엎드리는 게 최고다. 하지만 나뭇가지 위에서 넙죽 엎드리는 게 불가능하니 엎드리는 척이라도 해야 했다.

"계단을 내려오는 것은 나중에 따져보기로 하고, 누드가 뭔지 설명해 봐요."

"그거야 쉽죠. 누드는 홀라당 벌거벗은 모습을 그린 거죠."

"그래서 이 그림이 누드인 거예요."

"이 그림이요? 제겐 절대 누드로 보이질 않는데요."

"아뇨. 이건 누드가 맞아요."

또 시작되었다. 하지만 항상 결과는 큰 독수리의 승리였다는 사실이 떠올라 작은 독수리는 당황스러워졌다.

"설명 좀 해주세요. 이 그림이 도대체 어떻게 벌거벗은 모습이라는 거죠?"

"베라가 본대로 이 그림은 계단을 내려오는 사람의 하체를 중심으로 그 움직임을 연속으로 그린 그림이 맞아요. 그 당시 입체파 독수리 화가들이 지적한 대로 운동에 중점을 둔 그림이죠. 하지만 말이에요. 이 그림에는 놀라운 것이 하나 더 들어가 있어요. 입체파 독수리 화가들이 절대 볼 수 없었던 것 말이죠."

"그게 뭐죠?"

"시간과 공간요. 베라도 한번 화가들의 그림을 상상해 봐요. 화가들은 보통 한 순간만을 포착해서 그림을 그려요. 정물화도 인물화도 풍경화도 모두 그런 것들이죠."

"그런 것 같아요."

"하지만 뒤샹 할아버지는 정해진 시간의 흐름을 평면의 그림으로 완성해낸 거예요. 게다가 공간적인 이동도 담아냈으니 정말 놀라운 발상 아닌가요?"

"와우! 그래서 천재화가 독수리라고 칭송을 받는군요. 정말 대단한 시도였네요."

"그렇죠. 왜 사람들이 이 그림을 훔쳐갔는지 이해가 되죠?"

"네, 그런데 아직도 전 누드에 대해서는 도대체 이해가 안 되네요."

"이런, 정말 이해하지 못한 건가요?"

"……"

작은 독수리는 순간 멍해졌다. 오히려 여기서 누드를 이해할 수 있다면 그게 더 이상한 게 아닌가 하는 생각이 들었다.

"뒤샹 할아버지가 그린 건 분명히 벗은 몸이에요."

"제겐 그렇게 안 보이는데요."

"음…… 좀 더 있는 그대로 표현하면 뼈를 비롯한 하체의 부분들이 마디마디 나뉜 모습이라고 해야 옳을 거예요. 그러니까 계단에서 움직이는 신체의 핵심적인 부분이 어떻게 변하는지를 표현했다는 얘기예요. 그러니까 뒤샹 할아버지는 '누드'라는 표현을 '다 버리고 핵심만 표현한 것'으로 해석해서 이름을 붙인 거죠. 이게 그가 보고자 한 본질이에요."

"와! 정말 천재 독수리예요. 그러고 보니 정말 그림 이름도 멋져요."

확실히 천재들은 달랐다. 이런 그림을 착안한 것도 놀라운데 어떻게 이런 이름을 붙일 수 있었을까?

"사람들이 보는 영화를 본 적 있어요?"

"그럼요. 제가 그 영화관이라는 건물 굴뚝으로 들어가서 마치 박쥐처럼 매달려서 한참을 봤어요. 그 영화가 처음에는 진짜인 줄 알고 얼마나 놀랐는데요."

"그 영화가 어떻게 만들어진 줄 알아요?"

"사람들 중 천재가 만들었겠죠, 하하."

"후…… 사람들이 천재 독수리 뒤샹 할아버지의 작품을 훔쳐다가 연구를 시작했어요. 그리고는 얼마 지나지 않아 시간과 공간을 캔버스가 아닌 필름이라는 것에 담는 기술을 개발했죠. 그게 영화가 된 거예요."

"놀라워요. 우리 독수리가 없었더라면 사람들은 영화나 텔레비전 같은 것은 상상도 못했겠네요?"

"당연하죠. 그럼, 뒤샹 할아버지의 이런 작업 과정이나 그 결과물을 뭐라고 해야 할까요?"

"그림 그리는 거죠."

"어휴, 그냥 생각나는 대로 아무 생각 없이 말하는 건 그 값어치가 침묵의 반도 안 된다고 수도 없이 말해준 걸 왜 자꾸 잊어버리는 거예요?"

이번 수업 시간은 실제로 길기도 했지만, 계속 혼나는 상황이 이어져서 더 길게 느껴졌다. 게다가 어렵기까지 했다.

"그러니까 헤라의 말은 누드에 다른 이름을 붙여보라는 건

가요?"

"바로 그거예요."

"그럼 알 것 같아요. '추상'요."

"잘 알면서…… 추상은 여러 가지 복잡한 요인들을 제거하고 하나의 의미만을 찾아내는 작업이라고 할 수 있어요. 그래야만 원하는 한두 가지 본질을 볼 수 있지 않겠어요? 그런 차원으로 생각해 보면 누드라는 이름은 너무나 멋지죠."

"하지만 한두 가지만 남기고 다른 요인들을 제거하는 작업은 쉽지 않을 것 같아요."

"맞아요. 보통의 경우는 주변의 다른 요인들에 너무 쉽게 영향을 받아서 정작 중요한 요인은 놓치기 십상이죠. 아마도 뒤샹이 저 작품을 만들어내기까지 다른 화가들의 작품에 대한 학습은 물론 스스로도 엄청난 연습을 거듭했을 거예요."

"혜라, 전 지금 딱 한 가지만 남은 것 같아요."

"그게 뭔데요?"

"해가 시신에 걸리니 모든 게 희미하게 보여요. 그리고 잠의 세계인 꿈나라만 보여요."

"하긴, 다른 새들이 보면 우리가 사냥에 실패해서 야식을 찾는 줄 알겠어요."

06

색깔, 새로움의 존재 가치

영혼을 노래하는 수학자 소피아 코발레프스카야Sofya Kovalevskaya는 남편과의 불행한 결혼생활, 남편의 자살 충격, 처음으로 사랑하게 된 남자 막심으로부터 버림받았는데도 그녀는 수학에 빠져 있었다. 수학은 그녀의 인생 전부였다.

"혜라, 그 도는 동작 말인데요."

"어떤 걸 말하는 거죠?"

"다이빙요. 오늘 사냥 나갔을 때 혜라가 보여준 그 다이빙 말이에요."

작은 독수리는 정말 궁금하다는 표정을 지어 보였다.

"내 다이빙이 무슨 문제라도 있나요? 멋지게 마모트를 한 번에 두 마리씩이나 잡았잖아요?"

"맞아요. 그런데 제가 선생님께 배운 써머솔트 다이빙하고는 좀 다르던데요?"

"그게 어떻다는 거죠?"

"아니, 제 생각엔 선생님이 가르쳐 주시는 게 옳은 것 같은데, 혜라는 어디서 그걸 배웠어요?"

"어지러워요. 하나씩 물어봐요."

작은 독수리는 지금 큰 독수리가 작은 독수리의 질문이 제대로 된 것인지를 확인하는 것인지, 아니면 정말 자신이 두 가지 질문을 한 것인지 헷갈렸다. 하지만 이럴 땐 천천히 다시 물으면 된다.

"그러니까 제 질문은 헤라가 하는 다이빙이 맞는지, 선생님이 가르쳐주시는 게 맞는지 그걸 물은 거예요."

"베라는 어떻게 생각해요?"

"제 생각엔 선생님이 맞을 거라고 생각해요."

"그건 왜 그렇죠?"

갑자기 불안감이 엄습해 왔다. 마치 폭풍이 몰아치기 직전하고 비슷한 고요함이 얼마 동안 흘렀다. 정적을 깬 건 큰 독수리의 날갯짓 두어 번이었다. 답을 해야 할 때였다.

"그러니까 선생님이죠."

"맞아요. 하지만 틀렸어요."

"네?"

"내가 맞았다고 한 건 베라의 말이 맞았다는 것이고, 내가 틀렸다고 한 것은 베라의 답이 틀렸다는 말이에요."

"그건……"

도대체 큰 독수리가 무슨 말을 한 것일까? 작은 독수리는 부리를 더욱 뾰족하게 해서 궁금함을 나타냈다.

"그건 말이죠. '선생님이니까 선생님이 가르쳐주신 것이 맞다.' 는 말은 맞는 말이지만, 내 다이빙도 틀린 것이 아니니 '선생님이 옳다'는 베라의 답은 틀렸다는 말이에요."

"그러니까 혜라는 선생님과 혜라 모두 맞다는 건가요?"

"바로 그거예요. 선생님이 가르쳐주는 부분은 베라가 배우고 있는 거기까지죠. 그 다음은 스스로 배워야 하는 거예요. 혹시 선생님이 마모트 두 마리를 한 번에 잡는 법을 가르쳐준 적 있어요?"

"아뇨, 그런 적은 없어요. 그 대신 지금 배우는 기술을 수도 없이 반복하도록 가르쳐주셨죠. 한 번도 실수하지 않도록."

"그래요, 그래야 독수리다워지는 것이기도 하지만, 써머솔트 다이빙에 돌핀 회전을 걸어서 마모트 두 마리를 잡는 기술은 내가 스스로 터득한 거예요. 아니에요, 정확하게 말하면 내 스스로 만든 것이라고 해야 맞을 거예요. 사실 이 동작은 부엉이가 회전하면서 내려오다가 갑자기 방향을 바꾸는 걸 보고 연습해서 만들어낸 거예요. 이름도 멋지지 않아요? 돌핀 회전. 이건 흰머리독수리도 따라 하기 힘들 거예요."

독수리는 목에 힘을 주면 주변의 털이 부풀어 오른다. 지금이 그렇다.

"와우, 그럼 저도 가르쳐 주세요."

'어디서 배웠는지' 물을 두 번째 질문이 필요 없어졌다는 걸 깨달은 작은 독수리가 기뻐 날개를 m자로 만들었다.

"내가 말하지 않았나요? 스스로 배웠다고."

"그러니까 제게 가르쳐주시면 그걸 배워서 친구들과 선생님께 자랑도 하고, 그리고 헤라하고 사냥을 나가서 마모트도 더 많이 잡고……"

"그건 스스로 터득해야 한다니까요."

"좋아요. 그럼, 왜 가르쳐주지 않겠다고 하는지는 물어도 되겠죠?"

작은 독수리는 약간 주눅이 들었다. 그리고 한편으로는 다른 건 다 가르쳐주면서 왜 그것만은 가르쳐주지 않으려 하는지 큰 독수리가 이상해 보이기도 했다.

"돌핀 회전은 내 색깔이기 때문이에요."

"그게 무슨 말이죠? 회전이 색깔이라뇨?"

점점 이해하기 어려운 대답이 되돌아왔다.

"그래요, 색깔! 그게 나를 나답게 하는 것이죠."

"헤라를 헤라답게 한다고요?"

"그래요, 그러니 돌핀 회전이 베라를 베라답게 하는 건 아니죠."

"그러니까 돌핀 회전은 제가 배워서 써먹는다고 해도 별 소용이 없다는 건가요?"

"소용이 없는 것과 내가 말한 색깔은 다른 거예요."

"아……"

이런 적은 처음이었다. 드디어 아주 큰 벽, 그러니까 흰머리독수리가 사는 니사나무 밑의 그 절벽을 또 만난 느낌이었다.

"한번 잘 생각해보자고요. 나의 돌핀 회전은 어떻게 만들어진 거죠?"

"독수리라면 누구나 배우는 써머솔트 다이빙에 헤라가 더 멋진 기술을 생각해내서 한 번에 마모트 두 마리를 잡기 위해 만든 거죠."

"그래요, 그럼 이런 기술을 사용할 수 있는 독수리가 있나요?"

"아뇨, 지난번에 선생님도 하기 어렵다고 말했어요."

"그래요, 이건 나만 할 수 있는 나의 색깔이에요. 그렇죠?"

"맞아요. 전 그런 헤라가 정말 자랑스러워요. 애들도 모두 부러워해요. 제 친구 플랩스 아시죠? 지난번에 구릉지에서 사냥하는 헤라를 보고 얼마나 부러워했는지 몰라요."

"음…… 그게 중요한 게 아니고, 색깔이 중요한 거예요."

"네, 알 것 같아요. 그러니까 헤라만 할 수 있다는 게 중요한 거죠?"

"그것 하고는 좀 달라요."

"어떻게 다르죠?"

"그냥 나만 할 수 있다는 것이 아니라, 이걸 내가 만들었기 때문에 누군가 흉내 내기가 쉽지 않다는 거예요. 그리고 더 중요한 것이 있어요."

"그게 뭐죠?"

"지금까지는 아무도 마모트 두 마리를 한 번에 잡으려고 시도조차 하지 않았어요. 하지만 내가 돌핀 회전을 하면서 마모트 두 마리를 한 번에 잡는 것을 보고 이런 게 가능하다는 것을 모두 알게 되었죠."

"그래서요?"

"모두들 이걸 배우려고 열심이었죠. 하지만 아직 아무도 성공하지 못했어요."

"왜 그런 건가요?"

"그렇게 쉽게 할 수 있는 것이라면 '색깔'이라고 할 수 없지 않겠어요?"

"그럼 색깔은 어려운 것이어야 하나요?"

"꼭 그런 것은 아니지만 쉽게 만들어지는 것이 아니라는 얘기를 하는 거예요. 색깔은 보고 흉내 내는 것도 아니고, 그냥 간단하게 만들 수 있는 것도 아니에요."

"그럼 누군가 헤라가 돌핀 회전하는 것을 보고 배워서 따라 하는 데 성공한다고 해도 그걸 색깔이라고 할 수는 없다는 건가요?"

"바로 그거예요. 그건 배웠거나 따라한 것이지, 자기의 색깔이라고 할 수는 없는 것이죠. 아주 먼 옛날 우리 할아버지들이 살던 때를 한번 생각해 봐요."

작은 독수리는 큰 눈을 한 번 끔뻑이고 눈을 감았다. 큰 독수리의 돌핀 회전이 떠오르고 큰 독수리보다 더 큰 깃털을 가진 할아버지 독수리들이 계속 지나갔다.

"할아버지들도 마모트를 사냥하셨겠죠?"

"그렇죠. 할아버지들도 선생님으로부터 써머솔트 다이빙을 배웠고, 그걸 활용해서 마모트를 사냥하셨죠. 하지만 그 할아버지들이 모두 다이빙을 잘했던 건 아니었겠죠? 지금 베라의 친구들처럼."

"맞아요. 헤라의 돌핀 회전을 가장 부러워하는 플랩스도 써머솔트 다이빙조차 제대로 못해요. 느리고, 날개만 퍼덕이고, 겁도 많고……"

"이런!"

갑자기 큰 독수리의 고함 소리가 이미 차가워진 공기를 갈랐다. 큰 독수리의 날카로운 소리에 들쥐들이 사방으로 흩어지는 소리가 들렸고 곧이어 엄청난 정적이 찾아왔다.

"죄송해요. 친구를 업신여기면 안 되는데……"

"항상 말하기 전에 생각하라고 한 걸 잊었나요?"

"네, 조심할게요."

"다시 이야기로 돌아가요. 자, 선생님보다 다이빙을 더 잘했던 할아버지가 있었을까요?"

"헤라처럼요?"

작은 독수리는 부리를 모아서 뾰족하게 하고 물었다. 그 바람에 큰 독수리에게는 촉새가 하는 말처럼 들린 모양이다.

"그런 걸 물을 땐 속에서 우러나오는 존경심을 담아서 상대방이 알도록 하는 것이 예의라고 말해준 걸 잊었나요?"

계속 날아오는 큰 독수리의 질타에 작은 독수리는 멍한 상태가 되어가는 걸 느꼈다. 종달새가 덤불을 빠져나올 시간 정도의 정적이 흐른 후 큰 독수리가 말을 이었다.

"선생님보다 더 다이빙을 잘했던 할아버지나 할머니가 있었을까요?"

"있었을 것 같아요."

"그럼, 선생님이 가르쳐주는 써머솔트 다이빙도 제대로 못하는 할아버지나 할머니가 있었을까요?"

"꽤 있었을 것 같아요."

"그럼, 만약에 선생님보다 다이빙을 더 잘하는 할아버지나 할머니들이 없었다면?"

"선생님과 비슷하게 다이빙을 하는 분들과 다이빙을 잘 못하는 분들만 남겠죠."

"그럼, 선생님과 비슷하게 다이빙을 하는 분들과 잘 못하는 분들 중 누가 더 많았을까요?"

"잘 못하는 분들이 많았겠죠. 우리도 그러니까요."

"그래요. 그럼 선생님보다 다이빙을 더 잘하는 분은 없고, 이렇게 계속 자손들이 태어나고, 많은 독수리가 잘 못 배우게 되고, 또 그 자손들이 태어나게 된다면?"

"점점 사냥을 못하는 독수들이 많아져서…… 무, 무서워요."

"아니요, 무섭지 않게 되고 말아요."

"뭐가 무섭지 않게 된다는 거죠?"

"마모트들이 우리를 무섭지 않게 생각하게 된다는 거예요. 그리고 저 강가와 숲은 온통 마모트들의 세상이 되겠죠."

"정말 무서워요."

강가와 숲에 온통 마모트들이 뛰어다니고, 독수리는 사냥에 실패해서 「계단을 내려오는 누드」처럼 뼈만 남은 모습이 눈에 아른거렸다. 날 힘도 없어서 퍼덕이다가 하늘에서 뚝 떨어지는 독수리의 모습은 처참하기 그지없었다.

"그래서 우리가 색깔을 만들어야 하는 거고, 그냥 배우는 것이 아니라 나만의 실력을 만들어야 하는 거예요. 그래야 우리 독수리가 점점 독수리다워지겠죠?"

"네, 이제 알 것 같아요."

"내가 색깔을 만들어낸다는 것은 나만의 문제가 아니네요. 우리 독수리들이 더 잘할 수 있느냐, 아니면 그냥 날갯짓도 못하고 주저앉느냐 하는 문제이기도 한 것이네요."

갑자기 양쪽 어깨가 무거워진 느낌이 들었다. 이게 주눅이 든 것인지, 아니면 사명감에 어깨가 무거워진 것인지 아직은 분명하지 않은 게 좀 찜찜했다.

"그런데요, 왜 헤라가 돌핀 회전을 가르쳐주면 안 되나요?"

"난 그런 말을 한 적이 없어요."

"네? 제가 돌핀 회전을 가르쳐달라고 했을 때 헤라는 돌핀 회전을 스스로 배웠다고 하셨잖아요."

"그랬죠."

"그게 안 가르쳐주겠다는 말 아닌가요?"

"꼭 그렇다는 건 아니지만, 베라가 이걸 배워서 선생님과 친구들에게 자랑하려고 한다면 내가 그걸 가르쳐줄 이유가 없다는 걸 말한 거죠. 그건 그냥 흉내 내는 것이고, 절대로 베라를 베라답게 하지 못할 테니 말이에요."

"그러니까 배우는 목적이 틀렸다는 거군요."

"그래요. 만약에 베라가 내게서 돌핀 회전을 배워 베라만의 색깔을 만든다면 난 얼마든지 가르쳐줄 수 있어요."

"제가 헤라보다 더 잽싸게 마모트 두 마리를 잡는 방법을 만들어내기 위해 돌핀 회전을 배운다면 가르쳐주시겠다는 건가요?"

"그렇죠. 그거야말로 나도 생각하지 못한 놀라운 기술이 되겠네요. 하지만 명심해야 할 게 많아요."

서서히 사람들의 밤이자 독수리들의 밤이 서쪽에서부터 밀려오기 시작할 때면, 작은 독수리의 가슴 속에도 달처럼 뭔가 새로운 게 올라오는 느낌이 들었다.

"명심해야 할 게 많다면, 여러 가지라는 말이군요."

"그중에서 가장 중요한 것은 할 수 있다는 믿음이에요."

"믿음이라면 못할까 봐 걱정하지 않는 것을 의미하나요?"

"그건 너무 약해요. 너무 낮은 수준이라는 얘기죠. 그러니까 못할까 봐 걱정하지 않는 것이 아니라, 반드시 할 수 있다는 믿음을 가져야 한다는 얘기를 한 거예요."

"그리고요?"

"잘 안되거나 실패를 맛보아도 계속 가야 한다는 거예요. 그게 베라의 꿈이고 베라의 색깔이라면 자신의 평생을 걸고 계속 가야 한다는 거죠."

"네……"

작은 독수리는 이 대목에서 약간 주눅이 들었지만, 뭔가 할 일이 생긴 것 같아 벅차오르기까지 했다.

"그리고!"

"그리고요?"

"행동하기 전에 머리를 먼저 써야 한다는 걸 잊으면 안 되죠."

"머리요? 그러니까 먹을 것만 생각하면서 하늘은 쳐다보지도 않고 구릉지를 헤매는 마모트처럼 하지 말고, 어떻게 할 것인지를 미리 생각하라는 말씀이죠?"

"와우, 바로 그거예요."

"행동하기 전에 머리를 먼저 써야 한다, 써야 한다, 써야 한다."

작은 독수리는 같은 말을 여러 번 중얼거려 봤다. 역시 머리를 쓰는 것은 몸을 쓰는 것보다 어려운 일이라는 생각이 들었다. 그래서 지금까지는 몸이 대신 고생을 했다.

　"베라, 그런데 말이에요. 그 말에는 한 가지 중요한 의미가 담겨 있어요. 대부분의 독수리들도 이 한 가지 중요한 의미를 알지 못해요."

　"그게 뭔데요?"

　"그건 말이죠. 이것이 반복된다는 거예요."

　"뭐가 반복되는데요?"

　"머리를 쓰고, 행동하고, 머리를 쓰고, 행동하고, 머리를 쓰고……"

　"행동하고, 머리를 쓰고, 행동하고, 머리를……"

　"그만해요!"

　순간 웃음이 팍 나오려고 했는데 큰 독수리의 표정이 웃음을 사라지게 만들었다.

　"이게 아닌가요?"

　"맞아요. 하지만 이건 아니에요."

　"그게 무슨 말이죠?"

　"그냥 반복이 아니라는 말이에요. 같은 말이 계속 반복되고 있지만 그 내용은 한 번도 반복되지 않을 수 있다는 말이죠."

작은 독수리는 정말 졸려서 죽을 지경일 때처럼 머릿속에 아무것도 남지 않았다.

"반복인데 반복이 아니라구요?"

"그래요. 두 번째, 세 번째 행동이 계속된다는 것은 그냥 앞의 것을 반복하는 것하고는 달라야 한다는 것이고, 그러기 위해서는 머리를 쓰는 것이 달라야 한다는 얘기예요. 토끼를 생각해 봐요."

"맞아요, 헤라. 토끼들은 자기 친구들이 독수리에게 잡혀가도 아무 생각 없이 먹을 생각만 하면서 다시 구릉지에 나오죠. 누구도 하늘은 쳐다볼 생각을 하지 않아요. 소리 없이 다가오는 독수리를 전혀 생각하지 않죠."

"그래요. 반복이 중요한 게 아니라, 다르게 행동하고 다르게 생각해야 한다는 게 중요한 거예요."

"그래야 색깔이 만들어진다는 말이죠?"

"맞아요. 우리 할아버지 중에는 이런 훌륭한 색깔을 만든 분들이 아주 많아요."

"얘기해 주세요."

침이 꼴깍 넘어갔다. 역시 할아버지들의 얘기는 언제나 흥분을 몰고 온다.

"앤디 워홀Andy Warhol이라는 할아버지 이야기를 들어봤죠?"

"네, 학교에서 미술 시간에 잠깐 들은 것 같아요. 그 할아버지는 머리 뒤의 깃털을 노랗게 물들이셨다고 선생님이 말해준 것도 생각나요."

"그래요, 뭐 다른 얘기는 아는 게 없나요?"

"무지하게 엉뚱하신 분이었다고만 알고 있어요."

"엉뚱한 게 뭐죠?"

"뭐…… 그냥 일반적으로 생각하는 것과 다른 생각과 행동을 하는 거죠."

"그건 좋은 건가요, 아니면 나쁜 건가요?"

"그렇게 좋을 것 같지는 않아요."

"음…… "

큰 독수리의 부리 사이에서 이런 소리가 나오면 마모트보다 작은 독수리가 더 가슴이 덜컥한다. 뭔가 잘못되었다는 신호이기 때문이다.

"그게 아니면 좋은 건가요?"

"이런! 질문도 좀 더 멋지게 하려면 생각을 해야 해요. 질문하는 법도 자기의 색깔이 될 수 있으니까요. 생각을 하고 행동을 해야 한다고 금방 배웠잖아요?"

"네……"

"엉뚱하다는 표현이 마음에 들진 않지만, 하여튼 앤디 할아버지는 자신의 색깔을 가장 위대하게 만든 분 중의 하나예요."

"어떻게요?"

"그 할아버지는 화가였잖아요. 그런데 할아버지는 우리 숲이나 멋진 흰머리독수리의 비행을 그림으로 그린 것이 아니라 독수리들 중 춤을 잘 추기로 유명했던 메릴린 먼로_{Marilyn Monroe}라는 아가씨 독수리를 그렸죠. 그것도 똑같이 여러 장을 그려서 많은 남자 독수리들에게 나눠주었어요."

"에이, 무슨 화가가 똑같은 그림을 그렇게 많이 그려요? 그리고 그렇게 누구나 다 아는 독수리를 그렸다는 화가는 처음 들어봐요."

"맞아요. 그때까지 그런 독수리 화가는 없었어요. 독수리 화가는 항상 숲을 상징하는 나무나 흰머리독수리를 그렸고, 그걸 보고 즐기는 독수리들도 고상한 취미를 가진 몇몇에 불과했죠."

작은 독수리는 참 희한한 화가 이야기를 듣고 있다고 생각했다. 그래서 이번엔 좀 제대로 된 질문을 해야겠다고 생각했다.

"그런데 왜 그런 걸 그린 거죠? 그것도 한 번에 여러 장씩이나……"

"그 할아버지는 자기와 같은 예술가들이 그린 그림을 모든 독수리가 볼 수 있도록 해주고 싶었던 거예요. 그러니까 몇몇 고상한 취미를 가졌다고 거드름을 피우는 독수리들로부터 그림을 빼앗아서 우리처럼 그림을 볼 기회가 적은 독수리들에게 나눠주신 것과 마찬가지죠. 멋지지 않아요?"

"그런데요, 그렇게 마구 그림을 그려도 그걸 예술이라고 할 수 있어요?"

"글쎄요. 좀 더 얘기를 들어봐요."

"네, 궁금해요."

"한번은 그 할아버지가 뭘 그렸는지 알아요? 그건 아마 베라도 본 적이 있을 거예요. 마모트 피자 가게에 걸린 그 그림 말이에요."

"아, 알아요. 깡통에 든 마모트 수프 깡통 그림이요? 그런데 그 그림은 피자 가게마다 다 걸려 있어요."

"어땠어요? 그 그림."

"'뭐 저런 걸 다 그림으로 그렸을까'하고 생각했어요. 정말 엉뚱하다는 생각이 들었죠."

"그게 놀랍지 않아요?"

이게 정말 놀랄 일인지 명확하지 않아서 작은 독수리는 대답 대신 큰 독수리의 눈치를 봤다.

"곧이어 다른 화가들이 앤디 할아버지를 찾아와서 예술을 다 망치고 있다고 화를 내고 돌아가기도 했고, 심지어는 숲에서 몰아내려고까지 했어요. 예술의 독창성과 유일성을 모두 무시한다고 독수리 화가 회의를 소집하기도 했죠."

"그래서요?"

"뭐가요?"

"어떻게 되었는지 궁금해서요."

"저렇게 마모트 피자 가게에 그림이 잘 걸려있는 걸 보고도 그래요?"

"그럼 화가 독수리들이 앤디 할아버지의 예술을 인정하기라도 한 건가요?"

"그거야 아주 오랜 시간이 필요했죠. 하지만 그림을 자주 보지 못한 많은 독수리가 앤디 할아버지의 그림을 무척 좋아하게 되었어요. 그래서 앤디 할아버지는 똑같은 그림을 한 번에 여러 장씩 그렸고, 그걸 팔아서 아주 부자가 되었죠. 내가 듣기로는 영역을 표시하기 위해 늑대가 나무나 구릉지 바위에 오줌을 누고 발도장을 찍듯이 그림을 찍어내기도 했대요. 그렇게 해서 돈을 번 후로는 평생 사냥도 하지 않고 공장에서 그림만 인쇄해가며 살았을걸요. 그 일조차도 조수 독수리에게 시켜가면서."

"하하, 멋진데요."

남들이 하는 대로 해서는 성공하기 어렵다는 말이 생각났다. 이럴 때 그 말이 가장 잘 어울릴 것이다. 그런데 갑자기 궁금한 게 팍 올라왔다.

"그런데 왜 그 전에는 다른 화가 독수리들이 그렇게 하지 않은 거죠?"

"그런 생각을 해 본 적이 없는 거겠죠. 아니 몇몇은 생각은 했을 지도 몰라요. 하지만 그걸 행동으로 옮기고, 주변에서 뭐라고 하든 자신의 길을 간 건 앤디 할아버지뿐이었죠."

"그런데 예술가로서 그 할아버지는 무엇을 한 건가요?"

"좋은 질문이에요. 할아버지는 왜 예술은 예술가들만이 하는 거고, 아주 소수의 독수리들만 그걸 감상하는 것인지 궁금해했어요. 더구나 그림의 소재도 그렇고……"

"그래도 메릴린 먼로나 마모트 수프 깡통 같은 건 조금 이상해요. 그릴 게 그렇게 없었는지 궁금해요."

"하하, 아직 이해를 다 못한 모양이네요. 그럼 좀 더 설명해 줄게요."

묻지도 않았는데 큰 독수리가 갑자기 설명을 한다고 인심을 쓰는 것을 보니 졸리기 시작한 모양이다. 얼른 끝내고 자고 싶은 것이다.

"앤디 할아버지가 생각하신 건 예술 작품을 많은 독수리가 감상하도록 해주자는 것이었어요. 그러니까 마모트 피자 가게에서 우리가 자주 사먹는 깡통 마모트 수프를 만드는 것처럼 여러 개의 그림을 만들고, 그 소재마저도 우리하고 친숙한 먼로 아가씨나 수프 깡통을 택한 거예요. 그래서 지금도 멋지게 가게에 걸려 있는 거고요."

"그러네요. 어떻게 그런 생각을 하셨을까? 그리고 돈도 벌고……"

"앤디 할아버지 덕에 그렇게 예술이 우리들의 일상으로 들어온 거죠."

"그건 알 것 같아요, 그런데 그 예술 말인데요. 정말 이게 예술이에요? 제 생각엔 예술에 좀 미치지 못하는 것 같은데요?"

"뭐, 그렇게 생각할 수도 있어요. 하지만 베라가 생각하는 순수예술과는 다른 예술세계가 만들어진 것이라고 생각한다면 그렇게 이상할 것도 없지 않을까요?"

"그럴 수도 있겠네요. 그렇게 생각한다면 이해가 될 것 같아요."

"지난번에 말해준 마르셀 뒤샹 할아버지 생각나죠?"

"'계단을 내려오는 누드'를 그리고 소변기로 작품을 만든 그 화가 할아버지요?"

"그래요, 그 할아버지의 생각이 앤디 할아버지의 생각인 걸 알겠어요?"

"와우! 정말 그러네요. 멋져요! 이제 저도 모든 면에서 색깔을 만들어야겠어요."

"어떻게요?"

"일단 자는 폼부터 바꾸려고요. 거꾸로 매달려 자는 건 어때요?"

"그건 박쥐나 하는 짓이죠. 우리같이 무거운 독수리가 그러다가는 피가 머리로 쏠리고, 다리에 힘이 빠져서 거꾸로 추락하게 될걸요."

"그럼, 헤라 등 뒤에 업혀서 잘래요."

"이런, 배울수록 어려지기라도 하는 건가요?"

07

직관, 여섯 번째 창조의 눈

자신이 조각하고자 하는 대상을 머리로 '아는 것'이 이성의 수준이라면, 자신이 조각하고자 하는 대상을 자신의 몸이 '이해하는 것'은 오감과 감성의 수준이다. 로댕은 작업하는 자신을 머리와 손만을 사용하는 작업자로 생각하지 않았다. 온몸으로 작업하는 대상을 이해하려 했고, 심지어는 그 작품이 되려고 했다. 로댕은 그의 회고록에서 이렇게 말했다.

"인체가 가지고 있는 선들을 통합해서 나 자신의 일부로 만들어야 한다. 그래야 내가 이해하고 있다는 것을 확신할 수 있다."

이제 막 동이 트려고 달이 서쪽 하늘로 서서히 사라지고 있었
다. 그렇게 독수리들의 아침은 시작된다. 숲의 동쪽이 훤해지기
시작하자 큰 독수리의 날갯짓이 크게 한번 새벽 공기를 갈랐다.

"아직도 자요?"

큰 독수리가 작은 독수리를 찾는 소리였다.

"아뇨, 벌써 일어나서 미주리 강을 돌아왔어요."

"오늘은 사냥을 가지 않는 게 좋을 것 같아요."

"왜요? 어디 아픈 거예요?"

"이제 곧 폭풍우가 올 것 같아요. 게다가 이번 폭풍우는 지난
번 폭풍우하고는 다를 거예요."

작은 독수리는 갑자기 폭풍우가 온다는 큰 독수리의 말이 이
해되질 않았다. 바람 한 점 없었고, 마모트들도 그대로였다. 심지
어는 너구리도 사냥을 준비하는 걸 보고 온 참이었다. 돌아오는
길에 만난 나이 많은 구루서 올빼미도 사냥을 준비하고 있었다.

"헤라, 폭풍우가 언제 오나요?"

"저녁이 되기 전에 들이닥칠 거예요. 많은 독수리가 구릉지에서 사냥을 마치기 전에 폭풍우가 들이쳐서 집에 돌아가는 것도 힘들게 될 것 같아요."

"구루서 올빼미도 사냥을 준비하던데요?"

"나이를 먹는 것과 현명한 것은 다르다고 말했을 텐데요!"

큰 독수리가 아주 약간 화가 난 목소리로 말했다. 하지만 이내 부풀어 오른 깃털을 내리며 다정한 목소리로 작은 독수리를 향해 말했다.

"식량이 얼마나 남았죠?"

"우리가 잡은 마모트가 아직 많아요. 마모트 깡통 수프도 충분하고요."

안도의 모습을 보인 큰 독수리가 작은 독수리를 응시했다. 그러자 작은 독수리가 기다렸다는 듯 질문을 날렸다.

"헤라는 폭풍우가 온다는 것을 어떻게 알았어요?"

"그냥 알게 되었어요."

"그냥요?"

"그래요, 난 항상 폭풍이 오는 것을 그냥 알아요. 물론 폭풍의 크기도 알죠."

"어떻게 그럴 수가 있어요?"

"나의 할아버지의 아버지, 그러니까 나의 증조할아버지와 둘이서 숲의 먼 곳까지 간 적이 있었어요. 지난번에 말한 사과나무 숲을 지나서 가다 보면 여우원숭이가 많이 사는 아주 시끄러운 숲이 나와요."

"정말요?"

"그래요, 그런데 할아버지와 내가 숲에 들어서자마자 온 숲이 고요해졌어요."

"헤라와 할아버지가 온 걸 여우원숭이들이 본 모양이죠?"

"아뇨. 우릴 본 여우원숭이는 아무도 없었어요. 게다가 여우원숭이들은 우리와 많이 떨어져 있었어요. 그렇게 멀리서는 도저히 우릴 알아볼 수 없죠."

"그럼, 누군가 숲의 식구가 가르쳐주지 않았을까요?"

"생각해 봐요. 이 숲에서 누가 가장 잘 볼 수 있나요?"

"그건 우리 독수리죠. 우리 독수리는 사람처럼 눈이 얼굴 앞쪽에 붙어 있어서 입체적으로 보고자 하는 대상을 파악할 수 있어요. 그리고 시력이 5.0을 넘는 것은 기본이고 움직이면서도 최고의 거리감을 확보할 수 있죠."

"그게 전부예요?"

"아뇨, 마모트들이 보기에는 우리가 시야가 좁은 것처럼 생각하겠지만, 우리 목은 어린 아이들도 거의 180도까지 돌아가요.

연습을 많이 한 어른들은 270도까지 돌아가서 놓치는 게 없죠."

"그럼, 이 숲에서 누가 가장 잘 들을 수 있나요?"

"그것도 우리 독수리죠. 우리 독수리의 청력은 그다지 뛰어난 것은 아니지만, 우린 그냥 소리를 듣는 게 아니에요. 우리가 소리를 듣는다는 건 그 대상이 어디에 위치하고 있는지 우리가 다 알게 되었다는 거죠. 우리가 마모트의 소리를 들었다는 건 마음만 먹으면 그 마모트가 오늘 저녁 식탁에 올라온다는 것과 같아요."

"그럼 우리 날갯짓 소리를 누군가 들었을까요?"

"그건 더더욱 불가능해요. 우리 날개 밑에는 특수한 모양의 깃털이 있어서 마음만 먹으면 날갯짓을 해도 거의 소리를 내지 않을 수 있죠. 게다가 활공을 한다면 소리는 전혀 들리지 않죠."

"그렇죠, 베라. 이 숲에서 우리가 상대를 알아보기 전에 우리를 알아보는 것은 불가능해요."

"그런데, 헤라와 할아버지가 여우원숭이들을 보기도 전에 여우원숭이들이 어떻게 먼저 안 거죠?"

"그게 가장 중요한 거예요."

"혹시 그냥 자기들끼리 떠들다가 지쳐서 조용해진 건 아닐까요? 사실 하루 종일 떠드는 건 보통 어려운 일이 아닐 텐데 참 대단해요."

살짝 고개를 돌려본 큰 독수리의 표정이 뭔가 잘못됐음을 말해주고 있었다.

"말하기 전에!"

"생각해야 되는데 죄송해요. 그러니까…… 다른 알 수 있는 방법이 없잖아요. 그래서 우연이 아닐까 하는 걸 말하려고……"

"왜 우리가 접근하는 걸 알 수 있는 방법이 없다는 거죠?"

"생각해보세요, 헤라. 우리가 접근하는 걸 볼 수도 없고, 냄새도 맡을 수 없고, 들을 수도 없고, 느낄 수도 없고, 맛으로 알 수 있는 것도 아니잖아요."

"물론 그렇죠."

"우리 써머솔트 다이빙 스쿨에 학생이 많아요. 4년 동안 배우는 우리는 각자 자기 학년이 정해져 있어요. 그런데 학생들 중 1학년, 2학년, 3학년, 4학년이 아닌 학생은 아무도 없어요. 이렇게 나눠도 되죠. 남자나 여자가 아닌 독수리는 아무도 없죠."

그랬다. 더 이상은 알 수 있는 방법이 없었다. 오감을 통해서 세상을 알아야 한다고 가르쳐 준 게 누군가? 그 오감으로 아무것도 알 수 없었는데 도대체 무엇으로 알 수 있었다는 것인지 작은 독수리는 큰 독수리의 생각이 더 궁금해졌다.

"베라, 계속해봐요."

"그러니까 학년으로 나누든, 남자와 여자 독수리로 나누든 다른 방법이 없는 것처럼 그건 우연일 거라는 게 내 생각이에요."

"그게 전부인가요?"

"제가 예를 든 것처럼 여우원숭이도 자기가 가진 오감으로 알지 못했다면 그걸 알 방법은 없다는 거죠. 만약에 우리 독수리를 나눈다고 생각해보세요. 우리 독수리가 어린 독수리, 여자 독수리, 늙은 독수리로 나눈다면 아무데도 들어가지 못하는 젊은 남자 독수리 같은 부류가 생기겠죠?"

"그래서요?"

"하지만 오감은 그렇게 빠지는 부분이 생기지 않아요."

"그래요. 그래서 여우원숭이가 어떻게 알았는지가 중요한 거예요."

"그건…… 정말 모르겠어요."

"그걸 알아야 해요. 나도 그게 가장 궁금했어요. 어떻게 여우원숭이들이 우리가 오는 걸 알았는지."

"그럼 헤라도 모르는 거예요?"

순간적으로 '슉슉'하는 소리와 함께 하늘에서 까마귀 똥이 떨어졌다. 하마터면 작은 독수리의 머리 위로 떨어질 뻔했지만 작은 독수리가 잽싸게 피했다.

"저 못된 까마귀를······"

"그만해요. 이미 쫓아가긴 늦었어요. 그런데 베라는 어떻게 그 짧은 순간에 보지도 못한 까마귀 똥을 피한 거죠?"

"목을 확 움츠리고 살짝 몸을 뒤로 젖혔죠."

작은 독수리는 놀라운 반사신경을 보인 자신이 대견스러웠다.

"그리고 눈도 감았나요?"

"맞아요. 지난번에 도토리가 한 번에 다섯 개나 떨어질 때도 눈을 감았어요. 사실 그중에 두 개는 피하지 못하고 머리와 발등에 맞았죠."

"그런데 위험이 닥칠 때 눈을 감는 것은 누구에게 배웠나요?"

"글쎄요. 아무도 가르쳐주지 않은 것 같은데요."

"그건 말이죠. 태어날 때부터 알고 있던 거예요. 무언가 피할 수 없는 위험이 감지되면 반사적으로 눈을 감고 움츠러서 피해를 최소화하는 거죠. 눈을 다치면 영원히 사냥을 못 할 수도 있지 않겠어요?"

"그린 것 같아요. 그런데 정말 아무도 제게 이걸 가르쳐주지 않은 거죠?"

"당연하죠. 우린 그걸 본능이라고 해요. 물론 차이는 있지만, 이런 능력은 숲속의 모든 동물들이 가지고 있어요. 이건 살기 위한 행동들이에요."

작은 독수리의 머릿속에는 그걸 '누군가 가르쳐준 게 아닌가' 하는 의문이 계속 맴돌았다. 하지만 누가 가르쳐줬는지 도저히 생각해 낼 수 없었다.

"혹시 꿩을 쫓아본 적이 있나요?"

"그럼요. 마구 달아나던 꿩이 더 이상 달아날 곳이 없자 덤불에 머리를 숨긴 적이 있었어요. 결국 다 보이는 몸통 때문에 내게 잡히고 말았지만요. 하하."

"그래요, 좀 불쌍하기는 하지만 꿩의 그런 모습도 '본능Instinct'이에요. 다른 방법이 없자 머리를 덤불에 박아서 조금이라도 위험을 피하려고 한 거죠."

"그럼 이 본능으로 여우원숭이들이 독수리가 접근하는 걸 안 건가요?"

"물론 아니죠. 이걸로 알았다면 무슨 일이 생기겠어요?"

"글쎄요."

"잘 생각해 봐요. 본능이 이 정도로 예리하다면 우리가 굶어죽지 않겠어요? 그러니 본능으로 우리가 접근하는 걸 알 리가 없죠."

"그럼 뭘까요?"

정말 궁금해진 작은 독수리가 부리를 모았다. 뾰족한 부리가 이젠 날카로워졌다.

"지난번에 말이에요. 내가 아내와 다투던 걸 혹시 기억해요?"

"아, 졸리 아주머니하고 헤라가 같이 있다가 들킨 사건요?"

"뭐라고요? 들킨 건 뭐고, 사건은 또 뭐죠?"

큰 독수리는 순간 사례를 잘못 꺼냈다는 걸 알았다. 작은 독수리도 그리 유쾌한 기억을 떠올린 것 같지는 않았다.

"아니…… 뭐, 몰라야 할 걸 알게 되었으니 들킨 거고, 시끄러워서 온 동네가 깜깜한 한밤중에도 잠을 못 이뤘으니 그건 사건이라고 할 수 있죠."

큰 독수리는 깜짝 놀랐다. 역시 '세계를 어떻게 인식하느냐'가 '세계의 본질'보다 더 중요해질 수도 있다는 걸 여지없이 보여준 것이다.

"좋아요. 그건 그렇고, 집사람은 어떻게 내가 졸리 아주머니를 만나고 있었다는 걸 알았을까요?"

"저를 의심하시는 거예요? 헤라, 전 절대 아니에요."

"이런…… 그런 게 아니에요. 혹시 '나쁜 예감은 반드시 들어맞는다'는 속담 알아요?"

"네, 그건 주로 여자들이 하는 말이죠. 친구들을 보면 여자는 그런 감각이 있는 것 같아요. 지난번 수업시간에 한 독수리 친구가 다이빙 연습을 하면서 까불었던 적이 있어요. 그런데 여자 독수리 친구가 '저러다가 땅바닥에 처박히지'라는 말을 하자마자 정말 땅바닥에 처박히고 말았죠. 다들 놀랐어요."

그건 정말 당혹스런 사태였다. 독수리가 다이빙을 하다가 처박히는 모습을 상상이나 할 수 있단 말인가?

"뭐에 놀란 거죠?"

"그 말요."

"어허, 다쳤을까봐 놀란 게 아니란 말이에요? 친구부터 보살펴야죠. 어쨌건 내가 말하려는 게 그거예요. 뭔가 자신의 주변에 변화가 오는 것을 감지하는 능력 말이에요. 그게 '직감Intuition'이에요. 베라의 여자 친구나 집사람이나 보거나 듣지 않고도 닥쳐올 변화나 위험을 미리 아는 능력이 있어요. 그걸 말하는 거예요."

"그게 뭐라고요?"

"직감!"

"직감요?"

"그래요. 여우원숭이들이 그걸 통해서 우리가 다가오는 것을 안 거예요. 베라가 알고 있듯이 여우원숭이들은 의심이 많아요. 게다가 항상 여우나 원숭이와 같은 친척들의 말만 듣고 그걸 부풀려서 온 숲에 전하죠. 그렇게 살다보니 주변에는 온통 적뿐이지 않겠어요? 그래서 누가 다가오는 것을 아주 두려워하게 됐죠.

이때부터 여우원숭이들은 본능보다 훨씬 뛰어난 직감이 발달하게 됐어요."

"하하, 재밌는 여우원숭이네요. 그런데 아주머니는 왜 직감을 발달시켰죠?"

"음…… 그러게 말이에요."

"오늘 수업은 끝인가요?"

큰 독수리가 머리를 천천히 좌우 270도로 돌려서 절대 아니라는 신호를 보냈다.

"여우원숭이나 집사람 이야기에서 수업이 끝나면 재미없지 않겠어요?"

"그럼, 본능이나 직감보다 더 놀라운 게 있다는 말씀인가요?"

"그래요. 그때 할아버지는 여우원숭이의 직감을 알아보고는 그보다 뛰어난 걸 배우고자 하셨어요. 저 절벽 위의 니사나무와 흰머리독수리가 그걸 가졌다는 것도 곧 알게 됐죠."

"그게 뭔데요?"

"직관直觀!"

"직관요?"

"그래요, 이건 엄청난 이성의 힘과 감성의 힘, 그리고 날카로운 오감이 합쳐져서 발휘되는 능력이에요. 여우원숭이들이 그냥 느낌으로 알아내는 것하고는 완전히 다른 것이라고 할 수 있어요."

"그러니까 여우원숭이들이 알아내는 직감하고 흰머리독수리의 직관은 전혀 다른 것이라는 건가요?"

"그래요. 흰머리독수리는 저 현명한 니사나무 위에서 살게 되면서부터 직관을 키울 수 있게 된 것 같아요. 예전에 저 니사나무는 겨울에 잎이 다 떨어져도 겨울잠을 자는 개구리의 숨소리도 들을 수 있는 예민한 오감을 가졌다고 한 말 기억나요?"

"그럼요, 저 니사나무는 흰머리독수리하고 많은 얘기를 한다고도 했죠."

"흰머리독수리는 아주 오랜 세월을 가장 높은 곳에서 모진 비바람을 견디며 살아온 니사나무의 놀라운 능력을 알아본 거예요. 처음에는 흰머리독수리도 그저 니사나무의 경험만을 배우려고 했어요. 하지만 얼마 지나지 않아 그 니사나무가 가진 것이 그것이 전부가 아니라는 걸 알게 되었어요. 놀라운 직관을 알아본 거죠."

"어떻게요?"

"생각해 봐요. 흰머리독수리가 하늘 높이 날아올라 숲을 지나고 미주리 강을 지나 사람들의 마을 건너 먼 바다에서 올라오는 큰 구름을 봤다고 해요. 이걸 흰머리독수리가 니사나무에게 전해줬겠죠?"

"흰머리독수리 할아버지와 니사나무가 그렇게 하기로 약속했다고 헤라가 말해준 게 생각나요."

"그래요, 니사나무는 그 소리를 듣는 순간 모든 걸 알게 되죠."

"뭘 알게 되는 건가요?"

"그 큰 구름이 얼마나 큰 폭풍우가 되어 이 숲을 덮칠 것인지, 그리고 얼마나 큰 상처를 남길 것인지, 심지어는 마모트들의 집에 물이 차서 얼마나 많은 마모트가 죽을 것인지도 알 수 있는 거죠."

"마모트가 많이 죽으면 우리도 굶주리잖아요?"

"그게 중요한 게 아니고…… 하여간 니사나무는 작은 힌트 하나를 통해서 그 뒤에 일어날 많은 일을 마치 두 눈으로 보기라도 한 것처럼 알게 되는 능력을 갖게 되었어요. 100번 가까이 경험한 엄청난 폭풍우와 그 폭풍우에 할퀸 경험, 그리고 그 폭풍우가 지나갈 때마다 엉망이 된 숲의 모습을 니사나무는 다 기억하고 있었죠. 그러니 흰머리독수리의 말 한마디로도 앞으로 벌어질 모든 걸 알 수 있었던 거예요. 게다가 흰머리독수리는 더 빨리 직관을 터득했어요. 니사나무와 대화하면서 시력은 점점 좋아졌고, 깃털 사이로 스쳐가는 바람에 묻은 흔들림으로도 숲의 많은 것을 파악할 수 있게 되었죠. 흰머리독수리도 그렇게 니사나무의 직관을 깨닫게 된 거예요."

"아…… 저도 배우고 싶어요."

"난 배울 수 있다고 한 적은 없어요."

"우리가 흰머리독수리하고 다른 종류의 독수리라서 배울 수 없다는 건가요?"

"그게 아니고, 직관은 그냥 배워서 키울 수 있는 게 아니라는 말이에요."

"그럼 어떻게 직관을 키워야 하죠?"

"엄청난 이성, 특별한 감성, 놀라운 오감을 키우는 게 우선이죠."

"그러니까 그걸 어떻게 해야 하냐고요?"

가끔은 어른들이 아이들의 호기심 어린 질문을 당해내지 못하는 경우도 있다.

"우리 친척 할아버지 중에 아인슈타인Albert Einstein이라는 분이 계셨다는 것은 알고 있죠?"

"아, 그 천재 할아버지요? 그 분은 천재 물리학자셨다고 들었어요."

"보통 우리 독수리들은 한두 가지에만 뛰어난 능력을 보이지만, 이 할아버지는 다방면에서 뛰어난 능력을 보이셨어요."

"물리학과 수학 이외에도요?"

"글쎄요. 수학은 아인슈타인 할아버지가 잘한 분야가 아닌 걸로 아는데요."

"뭐라고요? 그럼, 수학을 못해도 물리학 분야에 뛰어날 수 있다는 말씀이세요?"

"그런 셈이죠. 대신 바이올린 연주를 잘하셨다고 해요."

"그건 물리학과 아무런 관계가 없는 것처럼 보이는데요?"

도대체 큰 독수리가 무슨 말을 하려는 건지 작은 독수리는 좀처럼 이해하기 어려웠다.

"아인슈타인 할아버지는 아주 작은 전자에서 우주의 행성에 이르는 모든 분야에 관심을 두셨어요. 그리고 그것을 지배하는 공통의 원리를 찾아내려고 하셨죠. 그런 놀라운 생각은 몇 개의 논문을 통해 세상에 나왔고 단번에 세상의 주목을 받았어요. 하지만 그 많은 물리 이론을 증명했음에도 할아버지는 수학에 영 신통하질 못했어요."

"그런데 어떻게 그런 복잡한 물리 이론들을 증명해내셨다는 거죠?"

"항상 그게 문제였어요. 수학 말이죠."

"그래서요?"

"그럴 때마다 바이올린을 연주하곤 하셨죠. 할아버지에게 바이올린은 아직 확인하지 못한 미지의 세계와 현실 세계를 연결해주는 유일한 끈이 되어주었죠. 그리고 그 바이올린 소리가 가끔은 놀라운 영감을 떠올려주곤 했어요."

"그렇더라도 수학은 해결하기 어렵지 않았나요?"

"그래서 다른 친구들이나 학자들의 도움을 받아 해결해야만 했어요. 할아버지는 그런 과정을 통해서 자신이 연구한 이론이 옳다는 걸 결국 증명해냈죠."

"그런데 말이에요. 이론은 논리의 덩어리잖아요?"

"그런 셈이죠."

"그런데 어떻게 그 이론을 생각해낸 거죠? 아직 이론에 이르는 방법도 생각 못한 상태에서 이론이 먼저 생각난 거잖아요."

"그게 내가 말한 직관이에요. 그때까지도 할아버지조차 그 이론을 정확하게 설명할 수는 없었어요. 그렇지만 할아버지가 가진 대단한 이성과 감성과 오감이 하나가 되어 가르쳐준 그 이론이 찾던 해답이라는 확신은 들었죠. 다만 순서가 뒤바뀌어서 어떻게든 그걸 증명해야만 하는 숙제가 남았죠. 그걸 친구들이 수학으로 도움을 준거고요."

"와, 정말 대단해요. 그 직관이라는 것, 그건 최고의 경지예요."

"그렇죠. 정말 대단하지 않아요? 그래서 직관을 이성과 감성, 오감 위에 존재하는 최고의 지혜라고 말하는 거예요."

"그런데 아인슈타인 할아버지가 수학을 얼마나 못하신 거예요? 저도 학교에서 수학 성적은 항상 앞에서 20%는 되는데, 정말 수학을 못하셨나 봐요."

"이런…… 직관이 어떻게 나온다고 했죠?"

"최고의 이성과 감성과 오감이 어우러진 경지에서요."

"그런데 아인슈타인 할아버지의 수학 실력이 베라하고 비슷할 거라고 생각해요?"

"잘 못하셨다고 얘기했잖아요."

"베라의 청각은 좀 문제가 있는 것 같아요. 내가 '잘 못하셨다' 라고 한 것은 최고의 물리학 이론을 수학적으로 증명하는 데 좀 부족했다는 거예요. 베라처럼 밥 먹듯이 문제를 틀렸다는 의미가 아니라는 말이에요."

괜한 질문을 해서 본전도 못 건지는 모습이 되어버렸다. 이럴 땐 화제를 돌리는 게 최고다.

"그런데 말이에요. 직관을 키우는 방법은 없는 건가요? 그냥 열심히 이성을 키우고, 감성을 키우고, 오감을 예민하게 하다 보면 생기는 건가요?"

"그건 맞기도 하고 틀리기도 해요. 방법은 맞지만, 그렇게 한다고 해서 모두에게 그런 능력이 생기는 것은 아니기 때문이죠."

"어려워요. 그래도 좀 더 직관에 쉽게 다가갈 수 있는 방법은 없나요?"

"그걸 이해하기 전에 지금까지 베라가 알게 된 것을 말해 봐요. 직관에 관해서."

"음…… 먼저 이 숲의 식구라면 누구나 가지고 있는 본능이 있어요. 본능은 누가 가르쳐준 것은 아니지만, 태어날 때부터 모두가 가진 생존에 필요한 기본 능력이죠."

"그래요. 뭔가 위험한 것이 날아오면 눈을 감기도 하고, 배가 고프면 저도 모르게 먹을 것을 찾는 게 그런 거죠. 베라가 가장 잘하는 거죠. 그 다음은요?"

"직감이에요. 뭔가 논리적으로 설명하긴 불가능하지만 감각적으로 결과를 미리 알거나, 본 적은 없지만 본 것처럼 아는 능력이죠. 이건 여자들이 가장 잘하는 거예요."

"뭐라고요?"

여자들이 가장 잘 한다는 대목에서 큰 독수리의 목 주위가 엄청난 속도로 부풀어 올라왔다. 속에서 무언가가 빠르게 올라오고 있다는 얘기였다. 이럴 땐 모르는 척하거나 다음으로 빨리 넘어가야 했다.

"본능이나 직감은 배우는 것 하고는 별 관계가 없어요. 그냥 누구나 가진 능력이죠. 다만 본능에 비해 직감은 그 분야에 대해 경험하고 공부하고 좀 더 예민하게 신경 쓰면 커질 수도 있는 능력이에요. 하지만 직관은 이 정도로는 제대로 키울 수 없는 그런 능력이에요. 제가 알고 싶은 것이기도 하고요."

"그래요. 그 직관을 배우려면 저 절벽 위의 니사나무에게서 힌트를 얻어야 한다고 할아버지가 가르쳐주셨죠."

"그럴 것 같아요. 잘 아는 대상에게 배우는 게 가장 빠르죠. 저처럼요."

작은 독수리는 큰 독수리를 살짝 올려다봤다. 이 한 마디로 직감 때문에 생긴 좀 전의 빚은 갚은 것 같았다.

"그래요, 아무래도 우리가 알려는 것을 가졌으니까요."

"맞아요. 그런데 그게 뭔지 헤라는 알고 있는 건가요?"

"음…… 하여튼 니사나무의 특징을 잘 살펴보면 어느 정도 답을 찾을 수 있어요."

"하루 종일 숲을 둘러보며 별로 말도 하지 않는 저 니사나무에게서 뭘 찾아내죠?"

"바로 그거요."

"네? 말을 하지 않는 거요?"

"아뇨, 하루 종일 숲을 둘러보는 것을 말하는 거예요."

"그게 직관을 키우는 것과 무슨 관계죠?"

"니사나무는 항상 숲을 보고 있지만 항상 같은 눈으로 숲을 보지 않아요. 절벽 위의 니사나무는 숲의 한가운데 있는 생각을 상징하는 니사나무에서 잎이 하나 떨어지면 '왜' 그런 일이 벌어졌는지 생각하죠."

"그리고는요?"

"아무것도 알 수 없다면 독수리를 보내 물어보기도 하죠. 너구리가 여우굴에 쳐들어가는 모습을 봐도 '왜' 그러는지를 생각해요. 항상 벌어지는 일이지만, 절벽 위의 니사나무가 보는 숲의 모든 일은 그렇게 궁금증으로 받아들여지죠."

"항상 그 이유를 궁금하게 생각하는 거군요."

"그래요, 더 중요한 것은 같은 일이 벌어지더라도 그 이유가 다를 수 있다는 것이고, 니사나무는 그 이유를 항상 생각한다는 거예요."

"무서울 정도로 놀라워요. 그 다음은요?"

"그냥 이유만 아는 것으로 그치지 않아요. '어떻게' 그 일이 벌어졌는지도 알아야 직성이 풀려요. 모든 일의 이유뿐만 아니라 일의 전후관계와 구조를 알고 싶어 하죠."

"그러니까, 니사나무는 너구리가 여우굴에 쳐들어간 '이유'도 알아야 하고, '어떻게' 쳐들어갔는지도 알아야 한다는 거군요."

"그렇죠. 그리고는 '그래서'를 생각해요. 보통 너구리가 여우굴에 쳐들어간 이유도 알게 되고, 너구리가 어떻게 쳐들어갔는지도 알게 되면 그걸로 끝이죠. 그냥 '그런 거구나'하고 끝나는 거죠. 그런데 니사나무는 그 다음에 대해서도 생각해요. '그래서' 무슨 변화가 생긴 건지 궁금해하는 거죠."

"그렇군요. 항상 비슷한 일들이 숲에서 벌어지지만 그 이유나 내용, 그리고 결과는 단 한 번도 같을 수 없을 테니까요. 그런 것들이 쌓이고 쌓여서 니사나무의 직관을 만들어내고 있다는 말씀인 거죠?"

"우와, 베라가 이젠 대단해졌네요."

"그럼, 이제 그만하고 밥을 먹으면 안 되나요? 전 지금 직관보다 본능에 충실하고 싶어요."

"오, 이런! 깜빡했는데, 지금 밥이 문제가 아니잖아요. 폭풍우 때문에 이틀 동안은 꼼짝도 못할 거예요. 서둘러요!"

"헤라, 밥은요?"

"둘 다 생존과 관련은 있지만, 그 정도가 너무 달라요. 일단 폭풍우를 피하면서 한 끼 밥이 우선인지, 아니면 당장의 생존이 우선인지 생각해보자구요."

08

학습, 미래를 비추는 거울

"앞으로의 사회는 어떤 기업이든 고객, 내부 구성원, 외부 관계자와 감성의 언어로 소통할 수 있는 이야기꾼이 아니면 감당할 수 없다. 결국 미래는 몰입과 열정, 무한한 상상력, 창의력과 감성을 지닌 사람의 것이다."

– 롤프 옌센Rolf Jensen

"궁금한 게 생겼어요, 헤라."

"이제 막 해가 떴으니 아침거리라도 사냥하고 시작하죠?"

"전 배고픈 건 참을 수 있지만 궁금한 건 참을 수 없어요."

"그게 우리 독수리와 까마귀의 차이죠, 하하."

큰 독수리는 작은 독수리가 점점 현명해져 가고 있고, 무엇보다 어떻게 해야 현명해지는지를 터득하고 있다는 사실에 기뻤다. 모르는 것에 대한 탐닉은 현자의 일상이다.

"우리 독수리도 저마다 잘하는 것과 못하는 것이 있잖아요?"

"당연히 그렇죠. 그렇게 다르다는 것이 새로운 것이 만들어지는 원동력이기도 하고요."

"그렇게 배웠죠. 그런데 제 친구들을 생각해보면 잘하는 일은 좋아하는 일이 되고, 못하는 일은 싫어하는 일이 되고 말아요."

"좀 더 자세히 설명해 봐요."

이번에는 큰 독수리가 궁금해서 참을 수 없다는 표정을 지었다. 침이 꼴깍하고 넘어갔다.

"써머솔트 다이빙을 잘 못하는 플랩스 말인데요. 그 친구는 다이빙이 정말 싫대요. 다이빙 수업이 있는 날에는 학교에 가는 것도 싫을 정도라고 하거든요."

"그럴 수도 있죠. 이해가 될 것 같아요."

"제가 여쭤보고 싶은 건, 왜 잘 못하는 일은 항상 싫어하는 일이 되느냐는 거죠? 그 반대의 경우도 그렇고요."

"내 생각엔 논리의 순서가 뒤바뀐 것 같은데요."

"순서가요?"

"그래요, 한번 생각해 보자고요. 플랩스가 다이빙이 싫어서 잘 못하는 것인지, 아니면 잘 못해서 싫어하게 된 것인지를 먼저 확인해야 한다는 게 내 생각이에요."

"내 생각엔 잘 못해서 싫어하는 것 같은데요."

큰 독수리는 부리를 홱 돌려 작은 독수리를 쳐다봤다.

"그럼 저 절벽 위의 흰머리독수리를 떠올려 봐요. 사냥하는 모습을 보면 우리 독수리들도 부리를 다물지 못할 정도로 대단하죠."

"그런데요?"

"그 흰머리독수리가 사냥하는 게 즐겁지 않다고 니사나무에게 말한 적이 있대요."

"정말요?"

"그래요, 그러니까 자신이 잘하는 일도 좋아하지 않을 수 있다는 거예요."

"흰머리독수리가 이상하다고 생각해요."

"아니, 누구든 처음부터 아무 일이나 잘할 수는 없잖아요."

"그래서요?"

"그러니까 그 일이 즐겁지 않으면 열심히 하겠어요?"

"안하겠죠."

"그럼 잘할 수 있을까요?"

"잘 못하겠죠. 그런데 왜 흰머리독수리는 사냥을 잘하죠? 뭔가 이상한데요."

"으음……"

이 소리는 거의 신음에 가까운 소리였다. 작은 독수리는 이게 무슨 상황인지 잘 판단이 되질 않았다. 이건 앞뒤가 맞지 않았다. 작은 독수리는 자신이 뭔가 말을 잘못한 것인지 그것조차도 헷갈리는 상황에 빠져들었다.

"그럼 반대로 생각해 보죠."

"어떻게요?"

"지금 잘하는 일이 행복을 만들어줄 것이라고 생각한다면 그건 옳은 생각인가요?"

"옳은 생각이죠."

"그런데 왜 흰머리독수리는 사냥하는 게 즐겁지 않다고 한 거죠? 그렇게 잘하는 사냥이 왜 행복하지 않은 일인지를 묻는 거예요."

작은 독수리는 논리에서 약간 밀리는 느낌을 받았다. 이어서 뭔가 떠올랐다는 표정으로 엉뚱한 질문을 던졌다.

"그런데 왜 어른 독수리들은 아이들이 좋아하는 것을 못하게 하죠?"

작은 독수리의 부리에 힘이 팍 들어갔다. 큰 독수리도 작은 독수리의 질문에 놀랐지만 겉으로는 아무렇지도 않은 체 했다.

"그게 무슨 말이죠?"

"우리 친구들 중에도 다이빙보다 노래를 더 좋아하는 애들이 있어요. 그 친구들은 노래를 부르느라 꾀꼬리와 자주 만나요. 그런데 꾀꼬리와 논다고 부모님께 혼났다는 얘길 들었어요."

"그래서 어떻게 되었죠?"

큰 독수리도 궁금해졌는지 부리를 뾰족하게 해서 좌우로 천천히 움직였다.

"몰래 꾀꼬리와 놀다가 들켜서 혼났죠, 뭐. 독수리다워지려면 다이빙을 잘해야 한다는 훈계를 계속 듣고 있나 봐요."

"음……"

"헤라 말대로라면 지금 잘 못하는 일도 좋아하면 잘하게 될지도 모른다는 거잖아요. 그 친구도 정말 좋아서 노래를 하고 싶어 하는데 그걸 못하게 하니 어떤 때는 불쌍하다는 생각도 들어요."

이번에는 큰 독수리가 두 번 깜짝 놀랐다. 작은 독수리가 큰 독수리의 말을 처음부터 어느 정도는 이해하고 질문을 시작했다는 것이 그 첫 번째이고, 정확하게 문제를 지적했다는 게 두 번째다.

"그러네요. 베라는 어때요?"

"제가 잘하는 일은 다이빙이에요. 아직 헤라처럼 잘할 수는 없지만요. 항상 친구들의 부러움을 사죠. 하지만 제가 하고 싶은 일은 따로 있어요."

"그럼 흰머리독수리가 사냥이 즐겁지 않다고 한 것과 같은 거네요."

"맞아요."

"그런데 왜 흰머리독수리를 이해할 수 없다는 것처럼 말했죠? 아니, 정확하게 말하면 왜 내 말을 이해하지 못하는 것처럼 말한 거죠?”

“잘하는 일보다 왜 다른 일이 하고 싶은지 나도 나를 이해할 수 없으니까요.”

“좋아요. 그럼 말해 봐요. 무슨 일이 하고 싶은지.”

큰 독수리는 작은 독수리에게서 하고 싶은 일에 관해 처음 들었다.

“우리 숲을 지키는 일이에요.”

“좀 더 구체적으로!”

“까마귀나 앵무새처럼 못된 짓을 하는 새들도 많고, 너무나 시끄럽게 해서 숲을 망가트리는 여우원숭이도 있죠. 하지만 그들은 흰머리독수리가 나타나면 숨도 제대로 못 쉬어요. 저도 흰머리독수리와 같은 독수리가 되고 싶어요. 정말 멋지지 않아요?”

“그러네요. 사실은 저 니사나무도 우리 숲을 지켜주고 있는 걸 알죠?”

“그럼요. 너무나 멋진 일이죠. 폭풍우가 오는 걸 미리 알려주지 않았으면 숲의 중앙에 있는 레드우드 군락도, 강가에 늘어선 레드우드도, 군데군데 멋진 꽃을 피우는 튤립나무도 저렇게 멀쩡하지는 못했을 거예요.”

작은 독수리는 자신이 마치 숲을 지키는 보안관이라도 된 것 같은 착각에 빠져들었다.

"그럼, 니사나무나 흰머리독수리가 하는 일은 누가 시켜서 하는 일인가요?"

"물론 아니죠. 게다가 아무나 할 수도 없는 일이에요. 멀리서 봐도 니사나무나 흰머리독수리 모두 도도하리만큼 대단한 자존감과 그 일에 대한 신념을 가진 게 느껴져요."

작은 독수리의 목소리에 힘이 잔뜩 들어가 있었고, 마치 이미 흰머리독수리와 똑같은 존재가 된 것처럼 자신감이 넘쳐흘렀다.

"왜 그들에게서 자존감과 신념이 느껴진다는 건가요?"

"스스로 만든 것이니까요, 그리고 아무나 할 수 없는 일이고, 그 일을 계속해야 한다는 의지도 스스로 계속 만들고 있는 것 같아요. 특히 그 신념요, 그건 스스로 해낼 수 있다는 자신에 대한 신뢰예요."

"맞아요, 로댕 할아버지를 한번 생각해 봐요. 그 할아버지는 조각을 그냥 작품으로 이해하려고 하지 않았어요. 온몸으로 이해하고자 했죠. 이게 남들과의 차이였고요."

"알아요. 이해했어요."

"그러기 위해 자신이 할 수 있는 모든 것을 다 동원했어요. 이

것은 그렇게 함으로써 최고의 작품을 만들 수 있다는, 자신에 대한 신뢰이기도 했죠."

"맞아요. 제가 말하고 싶은 게 그거였어요."

"그러려면 어떻게 해야 하죠?"

"지금 다 말했잖아요."

"아뇨, 한 가지 남았어요."

"그게 뭐죠?"

"싸우는 거요."

"싸움요? 대체 누구하고 싸워야 한다는 건가요?"

작은 독수리는 궁금해서 안달이 났다. 발을 동동 구르는 시늉을 하다가 미끄러질 뻔 했지만, 곧 중심을 잡았다.

"마르셀 뒤샹 할아버지만 해도 자신이 만든 세계를 세상에 내보내기 위해 당당하게 맞서 싸우는 일도 서슴지 않았어요. 다른 훌륭한 할아버지들도 마찬가지였고요."

"그럼, 그 상대가 반대하는 독수리들인가요?"

"그렇죠, 그걸 이해하지 못하는 독수리 모두인 거죠."

"그럴 것 같아요."

"갈릴레이Galileo Galilei 할아버지에 대해 알고 있는 게 있나요?"

"태양이 지구를 돈다고 다들 믿고 있을 때, 지구가 태양을 돈다는 지동설을 주장하신 분이라고 배웠어요."

"그렇죠. 할아버지는 여기에서 멀리 떨어진 피사Pisa라는 숲에서 태어났어요. 수학과 과학을 너무나 좋아하셨고 아주 놀라운 창조성을 보여주셨죠. 손수 망원경을 만들어서 천체를 관측하기도 하셨고, 지구가 움직인다는 사실을 설명하다가 로마Rome 숲으로 붙잡혀 가서 재판을 받기도 하셨어요."

"할아버지의 책은 금서가 돼서 독수리들이 볼 수 없게 되기도 했다면서요?"

"잘 알고 있네요. 그만큼 할아버지는 자신이 발견한 세계에 대한 확실한 신념이 있었고, 그걸 지키기 위해 모든 것을 다 걸기도 하셨어요."

"대단해요."

할아버지들이 이룬 업적은 정말 대단했다. 그리고 그 업적과 자신에 대한 믿음을 지키는 모습 또한 대단했다. 작은 독수리는 독수리다운 것이 무엇인지 그 본질을 깨닫게 되는 것처럼 느껴졌다.

"결국 로댕 할아버지, 뒤샹 할아버지, 갈릴레이 할아버지가 보여주신 게 뭐죠?"

"그거야 창조성이죠. 남들하고는 다른 생각을 하는 것을 넘어 스스로 행동해서 증명한 거죠."

"그래요. 다른 생각은 누구나 할 수 있어요. 하지만 그걸 찾아내고 만들어내는 과정에서 쏟아부어야 하는 노력은 아무나 할 수 없는 일이죠. 할아버지들은 그 과정과 결과 모두에서 꿈을 이루었어요. 행복은 덤이었구요."

"네, 정말 멋진 인생을 사신 분들이 우리에게도 멋진 선물을 남겨주셨어요."

"그런데 말이에요. 그것 말고 정말 알아야 할 것이 있어요."

"그게 뭐죠?"

"이번엔 내가 멍청하기로 유명한 사람들에 관한 얘기를 하나 해 줄게요. 어느 커피숍에 몇몇이 모여서 새로 나온 자동차에 관해 설명을 듣고 있었어요. 그중에는 미술을 하는 사람도 있었고, 학생을 가르치는 선생님도 있었어요."

"그런데 그 커피숍이 대체 뭐죠?"

"아, 그걸 말 안 했네요. 거긴 말이죠. 베라가 친구들하고 잡담하러 가는 마모트피자 가게하고 비슷한 곳이에요. 사람들은 그곳에서 커피라는 것을 마시는데, 보통 점심식사를 하고 자주 찾아가요. 재밌는 것은 점심 식사비가 8,000~9,000원 정도 하는데, 그 커피라는 게 비싼 것은 거의 그 정도 가격이 된다는 거예요."

"그렇게 비싸면 안 마시면 되잖아요?"

"어떤 사람은 밥보다 커피를 더 좋아해요."

"그럼, 밥을 먹지 말고 커피를 먹고 살면 되죠."

"불행하게도 커피만 먹다 보면 살이 점점 빠지고 배가 아파서 죽게 돼요."

"네? 그런 걸 왜 마시죠?"

"맛있으니까요."

"이해가 안 돼요. 하지만 그렇게 맛있다면 마셔야죠. 우리가 마모트 두 마리를 잡아먹으면 이슬을 몇 방울 꼭 먹어야 하는 것과 같은 거겠죠, 뭐."

"그래서요?"

"네?"

또 시작됐다. 이번엔 제대로 꼬인 듯한데 무엇이 문제인지 통 떠오르질 않았다.

"왜 우리가 이슬을 먹는 것과 사람이 커피를 마시는 게 같다는 거죠?"

"무슨 말인지 잘 모르겠어요. 질문이 이해가 되질 않아요."

"그럼 아까 하다만 얘기를 계속하죠. 자동차를 설명하는 사람이 새로 나온 차의 마력Horse Power과 토크Torque에 관해 설명하고 있었어요. 아마 사람들이 차에 관해 어느 정도 관심이 있었다면 그 마력과 토크 얘기는 자주 들었을 거예요."

"새 차니까 마력과 토크가 더 좋아졌겠죠?"

"당연히 그렇죠. 이번에 나온 차는 이전 모델과 비교해서 마력이 높아지고 토크도 높아져서 성능이 더 좋아졌다고 설명했어요."

"그래서요?"

"중요한 것은 그 마력과 토크가 무엇인지 정확하게 알고 있는 사람이 아무도 없었다는 거예요."

"차에 관심 있는 사람은 자주 듣게 되는 게 마력과 토크라면서요?"

"그래요, 하지만 그냥 수치가 높으면 좋은 것이라고만 생각했지, 정작 그게 무엇인지는 아는 사람이 없었다는 거죠."

"모를 수도 있는 거 아닌가요?"

"그럴 수 있죠. 하지만, 문제는 그것에 관해 물으려고 하는 사람이 아무도 없었다는 거예요. 왜냐하면 마력과 토크의 차이를 이해하지 못하고 있다고 말하면 다들 무시할 것 같고, 결국 창피를 당할 것 같다는 생각이 든 거죠."

"그럴 것 같아요. 스스로 나서서 마력과 토크가 무엇인지 모르니 가르쳐달라고 하려면 대단한 용기가 필요할 수도 있겠어요."

"그런데 말이죠. 창피를 당할 것 같다는 생각을 한 번 하기 시작하면 배움의 길이 닫혀 버린다는 걸 알아야 해요. 배워서 키워야 하는 것에는 오감, 이성, 감성뿐만 아니라 언어와 이미지도 있는데 말이죠."

"지난번에 그렇게 말씀하신 게 기억나요."

"그래요, 이런 사람들은 절대 창조적인 사람들이 아니에요. 궁금한 게 없는 사람들이 과연 창조적일까요? 더구나 자기가 모른다는 사실을 알고 있으면서도 궁금해하지 않으니 말이에요."

"그럼 어떻게 하죠? 모른다고 말하면 된다고 아주 오래 전에 배운 것 같은데……"

"베라라면 어떻게 하겠어요?"

"음…… 그 마력과 토크라는 것을 아주 오래전 과학 시간에 배우기야 했겠지만, 어차피 자기 전공도 아닌데 모른다고 그렇게 창피해 할 일도 아닌 것 같아요."

"그래서요?"

"저라면 이렇게 말할 것 같아요. '저는 미술을 하는 사람이라 기계를 잘 몰라서 그러는데요. 그 마력과 토크에 대해서 설명 좀 해주시겠어요? 되도록 둘의 차이를 자세히 설명해 주세요. 다른 차하고 비교도 해주시면 더 좋고요.' 이렇게요."

"아주 좋아요. 이런 질문을 받으면 상대방도 신나서 설명을 해

줄 거예요. 알지도 못하면서 그냥 고개를 끄덕이는 사람들보다 훨씬 좋은 상대를 만났다고 생각할 테니까요."

작은 독수리는 예전에 큰 독수리가 말해준 '배운다는 것'에 대해 정확하게 이해할 수 있을 것 같았다. 그 순간 폭풍우가 오던 날, 처음으로 번갯불이 번쩍이던 걸 보았던 기억처럼 머릿속에 뭔가 번쩍이는 게 느껴졌다.

"맞아요. 저도 그렇게 생각해요. 궁금한 건 모두가 마찬가지겠지만 묻지 않는다면 배울 수 없어요. 묻는다는 것은 지금 알아야 한다는 것이고, 그것은 더 빨리 진실에 다다를 수 있다는 것을 의미해요. 바꿔 말하면 지금 묻지 않는다는 것은 배울 준비가 안 된 것이나 마찬가지예요."

"베라 말이 맞아요. 아인슈타인 할아버지는 어떻게 했죠?"

"아인슈타인 할아버지는 직관을 통해 그토록 궁금해했던 이론을 깨닫게 되었지만, 그걸 증명할 수학을 스스로 해결하지 못했죠. 그러나 할아버지는 포기하지 않았어요. 그걸 다른 독수리들에게 물은 거죠. 아주 수학을 잘하는 독수리들에게 말이에요."

"맞아요, 베라. 천재 물리학자라고 칭송받던 할아버지였지만, 한 편에는 모른다는 걸 드러낼 수 있는 엄청난 용기도 있었던 거죠. 다시 말하면 모르는 걸 알고자 하는 대단한 열정이 있었던 거죠."

"정말 자랑스럽고 대단해요."

"그럼 아까 하다만 얘기를 다시 할까요?"

"커피 얘기요?"

"그래요, 베라는 그 커피라는 것이 우리가 이슬을 먹는 것과 같은 거라고 말했죠?"

"네, 그렇게 필요한 것이라면 마셔야 한다고 말했어요."

사실 바로 전에 하던 얘기를 기억하지 못하는 독수리는 없다. 하지만 그 과정이 별로 좋지 않았었다는 기억 때문에 작은 독수리는 아주 조금 걱정이 되었다.

"독수리 중에서 누가 이슬을 먹죠?"

"모두 다요. 그렇지 않으면 마모트나 토끼 고기가 소화되지 않는다고 배웠어요."

"그럼 사람들 중에서 커피는 누가 마시죠?"

"마시고 싶은 사람요."

"그런데도 같다고 생각하는 건가요?"

"아…… 다른 것 같은데, 아직도 이해가 되질 않아요. 아마 헤라의 질문을 이해하지 못하고 있다는 게 맞을 거예요."

"지난번에 자동차를 몰고 다니는 사람을 본 적이 있다고 했었죠?"

"네, 몸이 아는 것을 운전하는 것으로 설명해 주셨죠."

"사람들은 자동차 말고도 모터사이클이라는 것을 타기도 해요."

"그게 혹시 바퀴가 두 개만 달린, 뭐랄까, 말처럼 타고 다니는 그걸 말씀하시는 건가요?"

"그래요. 사람들은 그런 걸 왜 타고 다닐까요?"

"이동 수단이죠. 옛날에 말을 타던 것과 같아요. 이젠 말 대신 모터사이클을 타는 거죠."

"그런데 말이에요. 그런 경우도 있지만 아닌 경우도 많아요. 이게 베라가 말한 사람들이 마시는 커피와 우리 독수리가 먹는 이슬의 차이일 거예요."

갑자기 작은 독수리의 눈이 반짝이면서 눈동자의 지름이 확 커졌다.

"모터사이클을 만드는 회사 중에 할리 데이비슨_{Harley-davidson}이라는 곳이 있어요. 이곳에서 만든 모터사이클은 '둥둥둥둥'하는 엔진 소리와 곡선으로 이루어진 멋진 차체를 가졌죠."

"와우, 거기다가 잘 나가면 더 좋겠네요."

"나름대로 잘 나가지만, 각진 차체와 고음의 '우-우-우-웅'하는 소리를 내는 모터사이클만큼 빨리 달리기 위해 만들어지지는 않았죠."

"그런데요?"

"이 할리 데이비슨 모터사이클에는 마니아들이 존재해요. 전 세계적으로 탄탄하게 결속된 클럽도 있고, 지역별 클럽에서는 같이 어울려 투어를 하기도 해요."

"뭐가 그렇게 좋은 거죠?"

"베라가 말한 대로 할리는 이들에게 엄청난 존재예요. 서부를 달리는 말이기도 하고, 한적한 도시에서 둥둥거리는 소리와 함께 심장의 고동 소리를 듣는 즐거움이기도 하죠. 검은 두건과 가죽 점퍼가 어울리는 이유가 이해되나요?"

"그러니까 이들에게 모터사이클은 이동수단이라기보다는 자신의 꿈과 색깔을 보여주는 상징이라는 말이군요. 커피를 즐기는 순간처럼요."

"바로 그거예요."

작은 독수리는 숲을 지키기 위해 날갯짓을 하고 멋진 깃털을 세운 자신의 모습을 상상해 보았다. 그래서 꿈은 누구에게나 중요한 것이지만, 꿈을 이루는 것은 어려운 일이라는 생각이 들었다.

"그럼 이제 그 모른다는 게 정말 부끄러운 일인지 다시 생각해 보죠."

　큰 독수리는 정말 쉴 틈을 주질 않는다. 모르면서 알려고 하지 않는다는 것이 부끄러운 일이라는 건 확실히 알 수 있었지만, 모른다는 게 부끄러운 일인지를 다시 생각해 보려니 막막해졌다. 여기에 처음 와서 큰 독수리를 만나던 날 들은 내용인데 가물가물하기도 했다.

　"사실 헤라는 아니라고 했지만, 모르는 건 부끄러운 일이라고 생각해요."

　"왜 그렇죠?"

　큰 독수리는 지난번에 가르쳐준 것이 제대로 학습되지 않았다는 것을 알고 있었고, 그래서 그걸 다시 꺼낸 것이었다.

　"모르는 게 부끄러운 일이 아니면 배울 필요도 없는 것 아니겠어요?"

　"그럼 베라는 남에게 부끄럽지 않으려고 배워야 한다는 건가요?"

　시작하자 마자 맹공이었다. 마치 마모트 두 마리를 동시에 사냥하기 위해 큰 독수리가 돌핀 회전을 감행하는 것과 같았다.

　"그건 아닌 것 같아요."

　"그럼 베라의 생각을 다시 말해 봐요."

"음…… 잘 모르겠어요."

"모른다고요?"

"네. 죄송해요."

"왜 죄송하죠? 답을 못해서, 아니면 몰라서?"

"몰라서 답을 못했잖아요. 베라는 답을 할 것이라고 기대할 텐데, 답을 못하니 죄송하죠."

"내가 언제 베라가 답을 해야 한다고 강요했나요?"

이런 정도로 몰아치는 것을 보니 마모트를 한 번에 네 마리도 잡을 기세다. 하지만 독수리는 발이 두 개라는 데에 생각이 이르자 웃음이 터질 뻔했다.

"아니요. 하지만 계속 물었죠, 답을 해야 할 것처럼."

"그건 그러네요. 하지만 이게 제일 중요한 거예요. 이걸 반드시 극복해야 하거든요."

"뭘 극복하죠?"

"부끄러운 것 말이에요. 나는 모르는 건 부끄러운 일이 아니라고 생각해요. 이건 수업을 시작하기 전에도 말해준 것이지만, 난 앞으로도 이 생각은 변함이 없을 것이고, 변하는 순간 나는 죽었을 거예요."

"죽는다고요?"

"그래요, 살아있는 동안은 변하지 않는다는 얘기예요."

"왜 모르는 게 부끄러운 일이 아닌지 다시 설명해주세요."

"우리는 사람보다 훨씬 똑똑한 독수리로 태어났지만, 죽을 때까지 배워도 세상의 모든 것을 다 알 수는 없어요. 게다가 계속해서 새로 배워야 할 것들이 생겨나고 있죠."

"그러니까 엄청나게 많은 것 중에 뭘 좀 모른다고 해도 그건 부끄러운 일이 아니라는 건가요?"

"그렇죠."

"그럼 뭐가 부끄러운 일인데요?"

"자신이 모르고 있으면서도 알려고 하지 않는 것과 아는 척 하는 거요. 그리고 이걸 왜 전에도 설명하고 지금 또 설명하는지도 생각해 봐요."

"네, 생각났어요. 그러니까 정작 부끄러운 것은 모르고 있다는 게 아니라, 모르고도 알려고 하지 않는 것이고, 모르고 있으면서도 아는 척 하는 것이라는 거였죠?"

"그래요. 생각해 봐요. 마모트가 마모트 굴에서 톡 나오듯이 모르는 것이 불쑥 튀어나왔을 때, 그 질문을 받는 상대가 그걸 잘 설명해 줄 수 있는 사람이라면 얼마나 좋을까요?"

"그런데도 묻지 않는다면 배울 기회를 스스로 날려버리는 거네요."

"그런 게으른 독수리가 자기 집에 돌아가서 어른들에게 묻거나 궁금했던 것을 찾아가며 공부하는 경우는 거의 없다고 봐야죠. 당장 배울 수 있는 좋은 기회를 버리고 다른 곳에서 공부한다는 게 말도 안 되지 않나요?"

"맞아요. 빠르다고 다 좋은 것은 아니지만, 배움은 그렇지 않은 것 같아요."

"진짜 배울 게 또 있어요. 그건 죽을 때까지 배워야 한다는 거예요."

"그러니까 죽기 전까지는 배움을 게을리해서는 안 된다는 말이죠?"

"맞아요. 죽을 때까지 묻고 배워도 모르는 게 더 많을 테니, 배울 게 없어질 것이라는 걱정보다는 무식한 채로 죽을지 모른다는 걱정을 해야 한다는 말이에요."

작은 독수리는 무언가가 발끝에서부터 머리 쪽으로 올라오는 것을 느꼈다. 날개를 한 번 퍼덕이고 천천히 자신의 그림자를 내려다봤다. 그 그림자는 분명 흰머리독수리의 M자였다.

09

죽음, 감각과 학습의 소멸

죽음은 육체가 움직이지 못하는 것이 아니라, 정신이 움직이지 못하는 것이다.

"헤라, 정말 이상한 일이에요."

"뭐가 이상하다는 거죠?"

"올빼미 중에 가장 똑똑하다는 구루서 올빼미 말인데요. 정말 이상해요."

베라는 뭔가 마음에 들지 않는다는 표정을 지으며, 고개를 좌우로 돌렸다.

"구루서의 어디가 이상하다는 거죠?"

"전에는 무척 똑똑하고 현명한 올빼미라고 생각했는데, 지금 보니 아닌 것 같아요."

"구루서는 이 숲에서 현명하기로 소문이 난 올빼미인데, 뭐가 문제죠?"

"말이 통하지 않아요."

베라의 한 마디에 헤라는 베라가 무엇을 느끼고 있는지 직감할 수 있었다. 베라가 느꼈을 감정을 사실은 헤라도 구루서에게 느끼고 있었기 때문이다.

"구루서와 왜 말이 통하지 않는다는 거죠?"

"사실 이건 말이 통하지 않는 것도 문제지만, 대화 자체가 불가능해요."

"그래서요?"

"대화가 안 되니, 관계가 불편해지죠."

"그래서요?"

"조금은 화도 나는 것 같고, 제 친구들도 같은 생각인지 자주 쑥덕거려요."

"어른을 뒤에서 험담하는 것은 옳은 일이 아니에요."

"모두가 그런 감정을 느꼈다면, 그건 험담이라기보다 구루서 올빼미의 문제가 아닌가요?"

"그래도 상대를 있는 그대로 받아주려는 자세가 우선이에요."

"저는 도저히 구루서를 있는 그대로 받아들일 수 없어요."

베라는 감정적으로도 약간 상처를 입은 것 같았다. 올빼미 구루서가 베라와 같은 독수리가 아니라는 이유로 상대를 얕잡아보는 것도 아닐 테고, 뭔가 생각의 차이가 있는 듯 보였다.

"베라, 구루서는 어떤 올빼미였나요?"

"저는 처음에 구루서를 보고 깜짝 놀랐어요. 현명하고 솔직하고 배우려 하고……"

"그런데요?"

"그러던 구루서가 점점 이상하게 변한 것 같아요."

"뭐가 이상하다는 거죠?"

"우선, 대화하는 상대방 말을 잘 듣지 않아요."

"그리고요?"

"자기 주장을 얼마나 강하게 하는지 대화를 이어갈 수 없어요."

"다른 것도 있나요?"

"불평불만이 정말 많아졌어요. 자기는 그대로인데, 숲과 숲의 일원들이 모든 문제를 만들어내고 있다고 생각해요."

"그러니까 자기는 변한 게 없는데, 숲이 변해서 문제가 만들어지고 있다는 거네요."

"바로 그거예요."

헤라는 이제 조금 더 구체적인 내용을 파악해야 베라를 설득하거나 구루서를 이해하게 할 수 있겠다는 생각이 들었다.

"이번에는 무엇 때문에 구루서와 의견충돌이 생긴 거죠?"

"이건 의견충돌도 아니에요. 그냥 독수리들의 써머솔트 다이빙을 얕잡아봐요."

"구루서가?"

"예, 구루서가 그레이스 선생님의 써머솔트 다이빙을 봤나 봐요."

"그런데요?"

"그레이스 선생님의 다이빙은 써머솔트의 원조라고 할 수 있는 자기들의 사촌인 부엉이의 다이빙과 너무 달라져서 수준 이하라는 거예요. 그러면서 자기는 그 옛날 부엉이의 써머솔트 다이빙을 지금도 거의 똑같이 해낼 수 있다고 하는 거예요. 무엇보다 머리 위의 부엉이 깃털을 다이빙을 하면서도 아래로 향하게 하는 게 중요하대요. 그래서 올빼미들은 다이빙을 하면서 날개를 접어 귀에 대는 동작을 한다는 거예요. 그게 뭐가 중요하다고?"

"정확하게 뭐가 문제라는 건가요?"

"그러니까 구루셔는 자기들의 다이빙을 사촌인 부엉이들의 다이빙과 똑같은 원조라고 하면서, 독수리들의 다이빙은 그냥 그것을 흉내낸 것에 불과하고, 그조차도 원조와는 너무 달라져서 짝퉁처럼 보인다는 거예요."

"그럴 수도 있죠."

"네? 그럼 헤라도 우리 독수리들의 써머솔트 다이빙을 짝퉁이라고 생각하는 건가요?"

"그건 아니죠."

이랬다 저랬다 하는 것처럼 보이는 헤라를 베라는 전혀 이해할 수 없었다. 이럴 때는 조금 더 진지하게 물어야 한다고 배웠다.

"피자 가게에 새로 걸린 그림도 자기는 이해할 수 없대요."

"그 메릴린 먼로 그림을 말하는 건가요?"

"맞아요. 어떻게 저런 야릇한 표정을 하는 여자 독수리 그림을 청소년들이 들락거리는 가게에 걸어두는지 이해할 수가 없다는 거예요. 그러면서 쿨테이션 가게 주인을 만나기만 하면 가만 두지 않겠다고 벼르고 있어요."

"재밌는 일이네요."

"재미요? 이 그림은 지난 번에 헤라가 얼마나 창조적이고 놀라운 그림인지 제게 설명해준 앤디 할아버지의 그림이잖아요. 그런데 구루서는 이런 그림을 본 적이 없는 것 같아요. 그러면서 요즘 화가 놈들은 혼쭐이 나야 한다고 막 화를 냈어요."

"그래서 뭐라고 했나요?"

"제가 그 그림에 관해 설명해 드리겠다고 했죠."

"그랬더니요?"

"말도 꺼내기 전에 불같이 화를 내면서 세상이 망할 것 같다는 거예요."

"그래서 아무 말도 못하고 나왔나요?"

"네…… 사실 그때는 무슨 말을 하고 싶어도 할 수도 없는 상황이었다는 게 맞을 것 같아요. 그리고 이유 없이 내가 대신 혼나는 기분이라고 해야 할까요?"

"하하, 그것도 재밌네요."

"뭐가요?"

"구루서도, 베라도."

"베라, 늙는다는 게 뭐죠?"

"음…… 첫 시간에 배운 것 같기도 한데요. 생각이 안 나요."

"난 베라가 말한 게 기억나요."

"제가 뭐라고 했나요?"

"혼낼 수 있다는 것"

"그건 아니라고 헤라가 알려준 것 같은데요."

"하하, 맞아요. 내가 알게된 늙는다는 것을 말해줄게요."

"그게 뭔지 궁금해요."

"그건 갇히는 거예요."

"어디에 갇힌다는 거죠?"

"어디긴 어디예요. 감옥이죠."

"나이를 먹으면 감옥에 갇힌다는 말인가요?"

"맞아요. 그 감옥은 경험과 학습의 감옥이기도 하고 죽음의 감옥이기도 하죠."

"죽음요?"

베라는 갑자기 등장한 죽음에 무섭다는 생각이 들었다. 그리고 갑자기 이 대목에서 왜 감옥이나 죽음이 튀어나온 것인지 의아하기도 했다.

"독수리들은 언제까지 배워야 한다고 했나요?"

"죽을 때까지요."

"감옥에 갇히면 어떻게 되나요?"

"감옥을 나갈 수 없게 되어서 창살 안에서 살게 되죠."

"우리 독수리들에게 그 창살은 무엇으로 만든 건가요?"

"……"

헤라가 도대체 뭘 물으려고 하는지 베라는 답답해지기 시작했다.

"베라는 모든 생각이 무엇으로부터 나온다고 배웠나요?"

"그건 경험과 학습이죠. 뭘 모르거나 경험하지 못하면 뭘 생각하지도 못하게 된다는 말이기도 하죠."

"그럼, 경험과 학습이 어느 순간에 중단되면 어떻게 될까요?"

"그냥 이미 알고 있는 세계에 단단히 갇히게 되겠죠."

"바로 그거예요."

"뭐가요?"

"단단히 갇히게 되는 것"

"아! 그러니까 자기가 아는 세계에서만 생각하고 판단하고……"

"그럼, 그 감옥의 크기는 무엇으로 결정될까요?"

"경험과 학습의 크기겠네요."

"맞아요."

"그러면 지금 구루서 올빼미는 경험과 학습이 멈췄다는 말인가요?"

"내가 보기엔 확실해요."

"그럴 리가 없어요. 그렇게 현명하다고 칭송받던 올빼미가 갑자기 왜 이렇게 된거죠?"

베라는 갑자기 멍해졌다. 현명하다고 숲에서 칭송이 자자하던 올빼미가 갑자기 이렇게 된 것은 정말 이상한 일이었다.

"이유가 궁금하지 않아요?"

"궁금하기도 하지만, 무섭기도 해요."

"뭐가 무섭다는 거죠?"

"만약 누구나 나이를 먹어 이렇게 된다면 이건 무서운 일이지 않은가요?"

"그렇긴 해요. 그보다는 이유부터 알아보면 대비할 수 있지 않을까요?"

"도대체 이유가 뭐죠?"

"늙기 때문이에요."

"네? 지금까지 그걸 물은 건데, 이건 또 무슨 황당한 결론이죠?"

"맞아요. 늙기 때문이에요. 여기서 늙는다는 건 나이를 먹는다는 것이기도 하지만, 그보다는 감각과 학습 능력이 급격하게 떨어지기 때문이에요."

"감각은 세계를 받아들이는 창이에요. 감각이 둔화하고 서서히 사라진다는 것은 세계를 읽어낼 수 없게 된다는 것과 같아요. 그러니 결국에는 자기가 아는 것만으로 세계를 판단하려고 하게 되겠죠. 이것은 자기가 아는 세계에 갇히게 되는 것이죠."

"그래서 새로운 무언가를 받아들이지도 못하고 인정하지도 못하게 되는 거군요."

"그래요. 구루서에게 메릴린 먼로 그림은 그냥 외설스러운 그림처럼 보일 거예요. 그것이 구루서가 아는 미술 세계의 전부이기 때문이죠."

"그럼, 써머솔트 다이빙은요?"

"올빼미의 다이빙을 최고라고 생각해온 자존감이 이제는 다른 차원의 다이빙마저 짝퉁이나 흉내 내기 정도로 판단하게 만들고 있는 것이죠. 마치 베라가 보기에는 고집불통 할아버지처럼 보였을 거예요."

"맞아요. 정말 상상도 못하던 모습이에요."

"그럼, 베라가 늙는다는 것과 갇힌다는 것을 설명해 봐요."

"나이를 먹으면 감각이 노화하고 퇴화하면서 세계를 받아들이는 데 문제가 생기게 돼요. 그러면 자기가 아는 세계의 잣대로만 새로운 세계를 이해하고 평가하려고 하죠. 하지만, 새로운 세계를 과거의 잣대로만 평가하는 것은 불가능에 가까워요. 그러다 보면 점점 자기 세계에 더 갇히게 되고, 자기가 아는 세계에만 머물게 되죠. 이건 자기가 안다는 것으로 인해 그 세계에 갇혀버리는 안타까운 일이에요."

"그러면 결국 베라도 구루서처럼 되겠네요?"

"네?"

"그렇게 되고 싶은가요?"

"그건 너무 가혹한 일이에요. 어떻게 감옥을 나갈 방법은 없나요?"

"있어요. 하지만 그보다 먼저 알아야 할 것이 있어요."

"그게 뭔데요?"

"왜 나이를 먹으면 시간이 빨리 가는지를 알면 감옥에 갇히는 걸 늦추거나 멈출 수 있어요."

감옥에 갇히는 걸 늦추거나 멈출 수 있다는 데서는 희망이 보였지만, 나이를 먹으면 시간이 빨리 간다는 건 도대체 무슨 소린지 이해할 수 없었다.

"독수리 할아버지나 할머니가 하는 이야기 중에 왜 이렇게 시간이 빨리 가는지 모르겠다는 말 들어본 적 있어요?"

"있어요. 할아버지나 할머니는 항상 그런 얘기를 하시는 것 같아요."

"왜 나이 드신 분들은 시간이 빨리 간다고 하는 걸까요?"

"그건 정말 모르겠어요. 아마 살 시간이 많이 남지 않은 게 이유 아닐까요?"

"그건 아니에요."

"그럼 뭐죠?"

"감각이에요."

"무슨 감각요? 지금껏 우리가 말한 그 감각을 말하는 건가요?"

"맞아요. 그 감각이 어떻게 된다고 했나요?"

"나이를 먹으면 노화하거나 퇴화하면서 감각이 둔해진다고 했어요."

"감각이 노화하거나 퇴화한다는 것은 감각이 정밀하게 작동하지 못하다는 말이에요. 그러니 세계를 읽어내는 데 어려움을 겪게 되겠죠."

"그건 아까 설명해 주셨어요."

"청년기를 지나면 독수리의 모든 감각은 발달하다가 정점에 이르고 노화하거나 퇴화하기 시작해요. 그러면 감각의 밀도가 조금씩 떨어지게 되겠죠?"

"그러면 어떻게 되죠?"

"세계를 제대로 읽어내지 못하게 되죠. 게다가 과거의 경험과 학습이 되살아나면서 감각에게 명령하게 되죠. '그건 이미 알고 있는 거야' 이렇게 말이에요. 이런 일이 반복되면 감각은 더 빨리 노화하고 퇴화하고 무뎌지게 되죠. 그러면 점점 더 세계를 읽어 내는 데 어려움을 겪게 되고, 마침내는 과거의 기억을 현재라고 착각하게 되죠."

"새로운 세계를 전혀 받아들일 수 없는 상태가 되고 마는 거 군요."

"그거예요."

베라의 모든 궁금증이 한순간에 해결되었다. 왜 구루서 올빼미가 그렇게 고집스럽고 자기 주장만 계속하고 모든 것을 자기 삿대로만 판단하면서도 더는 알려고 하지 않는지 확실하게 알게 됐다.

"이렇게 모두 죽는 거예요."

"새로운 것을 모르니 과거로만 세상을 살게 되죠. 이건 죽음이에요."

"슬퍼요. 저도 그렇게 되나요?"

"그건 베라가 하기 나름이에요."

"그럼, 감각을 유지하거나 늙지 않는 비결이라도 있단 말인
가요?"

"없어요."

"있다면서요?"

"하기 나름이라고 했어요. 나이가 들어 감각의 밀도가 낮아지
면 베라는 어떻게 할 건가요?"

"더 정밀하게 세계를 들여다보려고 노력할 거에요."

"그러면 같은 시간 동안 볼 수 있는 세계가 훨씬 줄어들 텐데요."

"그럼 더 많은 시간을 쏟아부어 내가 아는 세계와 어떻게 다른
지 더 정밀하게 볼 거에요."

"내 생각과 다른 세계가 보인다면요?"

"모든 기억과 선입견을 지우고 새로운 눈으로 세계를 볼 거
에요."

"천재 할아버지, 할머니는 모두 감각을 다스릴줄 아는 분들이
었어요. 발바닥에 체중을 고스란히 받아내는 고통을 이기고 서
서 글을 쓴 헤밍웨이 할아버지, 실오라기 하나의 방해도 받지 않

기 위해 알몸으로 글을 쓴 미국 최고의 과학자이자 발명가인 벤저민 프랭클린Benjamin Franklin과 프랑스의 대작가 빅토르 위고Victor-Marie Hugo, 감각이 무엇인지를 감각보다 더 선명하게 소설로 보여준 마르셀 푸르스트Marcel Proust, 모두가 감각을 다스리는 천재들이었죠."

"그렇군요. 감각에 지배당하는 순간 우리는 창조적 존재에서 육체 덩어리가 되고 마는 거군요."

"맞아요. 우리의 정신이 감각을 지배하고 정밀하게 세계를 읽어내도록 해야 해요."

"저도 죽는 순간까지 온전히 정신이 감각을 지배하도록 할 거예요."

베라는 이제 언제까지, 무엇을, 어떻게 해야 현명함을 키우고 유지할 수 있는지 알게 됐다. 죽음은 육체가 움직이지 못하는 것이 아니라, 정신이 움직이지 못하는 것이었다.

10

창조적 생각의 시작과 끝

왜 아시모프 할아버지는 타이프라이터를 달라고 했을까? 그건 행복이었다. 새로운 글을 쓰는 일이 할아버지에게는 힘겨운 작업이기도 했지만, 반면에 가장 행복한 작업이기도 했던 것이다.

"헤라, 생각의 끝은 어디죠?"

어젯밤까지 꼬박 이틀 동안 폭풍우가 몰아쳤다. 끝나지 않을 것 같던 그 폭풍우가 어디로 간 것인지를 생각하다가 갑자기 떠오른 생각이다.

"나도 가 본 적이 없어요."

"잘 모른다는 건가요, 아니면 끝이 없다는 건가요?"

"둘 다요."

"미술시간에 조지아 오키프Georgia O'Keeffe 독수리 할머니 얘기를 들은 게 생각나요. 그 할머니는 꽃 그림을 그렸어요. 그런데 그 할머니가 그린 200점도 넘는 그림을 아무리 뒤져봐도 한 그림에 꽃송이 하나를 다 그린 그림이 없대요."

"나도 알아요. 그 할머니는 꽃을 정말 크게 그렸어요."

"맞아요. 다른 독수리 화가들이 와서 왜 그렇게 꽃을 크게 그려서 이상하게 보이게 하느냐고 물었다고 하더라고요."

"그래서 뭐라고 하셨대요?"

"그럼 당신들은 강을 그리는 화가들이 강을 그릴 때 왜 그렇게 실물보다 작게 그리냐고 물은 적은 있냐'고 되물으셨다네요."

"그거 재밌네요. 그러니까 강이나 산처럼 큰 걸 작게 그리는 것은 이상하지 않고, 작은 꽃을 크게 그리는 건 이상하냐고 되물은 거네요."

"네, 맞아요."

"그런데 말이에요, 베라. 오키프 할머니가 그린 게 뭐죠?"

"본 거죠. 할머니가 본 꽃을 그린 거죠."

"그래요, 아무도 꽃을 그렇게 자세히 보지도 않지만 그걸 그렇게 그리지도 않아요."

"그러니까 헤라는 우리가 보고 상상하는 세계가 아주 큰 세계부터 아주 작고 정밀한 세계까지 무한하다는 걸 말하고 싶으신 거죠?"

"와우, 정답이에요. 그러니 베라가 물은 생각의 끝이 어딘지도 알겠네요?"

"네, 알 것 같아요. 에디슨 Thomas Edison 할아버지도 그런 얘기를 하셨다고 들었어요."

"무슨 얘기요?"

"음…… '아이디어는 우주에서 온다. 놀랍고 불가사의한 일이지만 그건 사실이다. 아이디어는 우주 밖에서 온다'고요."

"그러네요. 정확하게 오키프 할머니의 반대편에서 생각의 끝을 말해준 거네요."

"아, 정말 우리 천재 독수리들은 대단해요."

"모든 수업을 마치기 전에 마지막으로 꼭 알아야 할 것이 있어요."

"그게 뭐죠?"

"우리가 왜 이런 창조적인 일을 해야 하는 것인지에 관해서 알아야 해요."

"그건 우리 독수리가 독수리다워지기 위해서라고 말하지 않았나요?."

"맞아요. 그럼 독수리다워진다는 걸 다시 말해 봐요."

"그건 행복해진다는 것하고 비슷한 것 같아요."

"맞아요. 창조적인 상상, 창조적인 도전, 창조적인 실패, 그리고 꿈을 이루는 것. 이 모든 것의 중심에 행복이 있어요."

"니사나무가 폭풍우에서 우리 숲이 살아남도록 도와주는 것처럼요?"

"맞아요, 저 니사나무가 그걸 배운 건 아주아주 오래 전이에요. 음…… 우리 할아버지 중에 과학자이면서 글을 아주 잘 쓰신 분이 계셨어요. 아이작 아시모프Isaac Asimov라는 분인데, 그 분이 저 니사나무에게 그걸 가르쳐주었어요. 니사나무는 그걸 실천하고 있는 거죠."

"뭘 가르쳐주셨는데요? 궁금해요."

"별 것 아니에요. 그냥 할아버지가 꾸신 꿈 얘기를 전해준 게 전부예요."

"어떤 꿈인데요? 더 궁금해지는데요."

"음…… 어느 날 할아버지가 꿈을 꾸셨는데, 죽어서 천국에 가셨대요."

"교회를 다니셨나요?"

"아뇨, 할아버지는 무신론자였어요. 옆에 베드로Peter가 보이길래, 할아버지는 자신이 무신론자라서 천국에 올 리가 없는데 왜 여기에 있느냐고 물었대요."

"그랬더니요?"

"베드로가 그건 하느님의 일이니 자신이 알 바가 아니라고 답하더래요."

"그래서요?"

"그리고는 천국에서 필요한 게 있으면 하나만 얘기하라고 하더래요."

"그래서 뭐가 필요하다고 했어요?"

"타이프라이터."

"네? 그리고는요?"

"꿈에서 깼죠."

"음……"

곰곰이 생각해 봤다. 왜 아시모프 할아버지는 타이프라이터를 달라고 했을까? 그건 행복이었다. 새로운 글을 쓰는 일이 할아버지에게는 힘겨운 작업이기도 했지만, 반면에 가장 행복한 작업이기도 했던 것이다.

제2부

위대한
천재를 찾아서

00

하트 크레인의 다리

"과학자는 우주의 한 점에서 일어나는 모든 것을 보고, 시인은 시간의 한 점에서 일어나는 모든 것을 느낀다."

― 블라디미르 나보코프Vladimir Navokov

미국이 낳은 가장 위대한 시인 중의 한 사람인 하트 크레인 Harold Hart Crane은 33년의 짧은 삶을 살았지만, 감각적이고 신비로운 시를 남겼다. 1930년에는 책 한 권에 이르는 거대한 서사시 「다리The Bridge」로 미국의 새로운 신화가 된 브루클린 다리Brooklyn Bridge를 감각적으로 노래했다. 브루클린 다리는 뉴욕 맨해튼 섬 남단에서 이스트 강을 건너 브루클린에 이르는 다리다. 놀라운 것은 이 다리의 487m가 현수교로 만들어졌다는 점이다. 당시 1880년대에 이런 거대한 현수교를 만든다는 것은 상상조차 하기 힘든 일이었다. 이런 면에서 이 다리의 완공은 미국의 신화로 충분했다.

　　브루클린 다리는 1869년 착공하여 1883년 5월 24일 개통하기까지 13년 이상의 공사기간을 거쳤다. 이 다리는 존 오거스터스 로블링John Augustus Roebling에 의해 입안되었다. 베를린공과대학을 졸업한 그는 1850년대부터 4개의 현수교 공사를 직접 주관해 피츠버그와 켄터키 등에 300m 이상의 대규모 현수교를 건설했다. 뉴욕주는 브루클린 다리를 건설하겠다는 그의 입안을 받아들여 공학장으로 임명해 공사를 지휘하도록 했다. 그는 엄청난 상관의 무게를 견뎌낼 강삭鋼索, Steel Wire Rope을 고안해냈다. 강삭은 얇은 여러 개의 강선을 꼬아 만든 다음 중앙에 심을 넣고 다시 꼰 것으로 큰 인장강도에도 견딜 수 있도록 설계된 끈이다. 이 끈은 기중기에 장착해 무거운 물체를 들거나, 현수교의 본체를 지탱하는 케이블로 주로 사용된다. 로블링의 집념과 상상력이 만들어낸 기적 같은 고안품이었다.

하지만 불행이 찾아왔다. 공사를 감독하던 로블링이 발가락 상처를 입은 것이다. 보트 사고로 발가락에 상처를 입은 그는 발가락을 절단했지만, 파상풍으로 3주 만에 사망하고 만다. 그의 아들 워싱턴은 아버지의 유업을 이어받아 브루클린 다리를 완성하고자 했다. 하지만 그도 교각 건설을 감독하던 중 잠수병에 걸려 의사소통조차 불가능한 상태가 됐다. 하지만 움직일 수 있는 몇 개의 손가락으로 그의 아내와 소통하면서 어렵게 브루클린 다리를 완성해냈다.

하트 크레인은 이렇게 완성된 브루클린 다리를 미국의 신화로 노래했다. 세상에 존재할 수 없는 놀라운 작품을 만들어낸 로블링의 위대한 상상력을 세상에 존재하지 않는 새로운 시의 언어로 찬양한 것이다. 하트 크레인은 어려서부터 시를 배웠으나 부모의 반대에 부딪혔다. 뉴욕으로 간 그는 대학 입학을 준비했으나 시에 대한 그의 사랑 때문에 대학 입학은 포기해야 했다. 1926년, 그의 첫 시집 「하얀 건물White Buildings」과 1930년에 쓴 「다리」가 그의 시 세계를 엿볼 수 있는 전부다. 그는 멕시코 취재여행을 떠났던 카리브 해에서 갑자기 투신자살했다. 이렇게 그의 삶도 시가 되었다.

교각 옆, 네 그림자 밑에서 나는 기다렸다.
어둠 속 네 그림자만이 선명하구나.
이 도시의 불꾸러미는 다 풀리고
이미 눈雪은 철의 일 년을 덮는구나……
아, 네 밑을 흐르는 강물처럼 잠자지 않고
바다와 평원의 꿈꾸는 풀밭 위에 걸려
아주 낮게 우리에게 펼쳐지고 우리에게 내려라.
그리고 신을 대신하여 곡선의 신화를 창조하라.

- 하트 크레인, 「The Bridge」 중에서

01

알몸으로 쓴 소설

"지성은 아무것도 직관하지 못한다. 감각은 아무것도 사유하지 못한
다. 오직 양자의 결합을 통해서만 지식이 태어난다."

– 임마누엘 칸트Immanuel Kant

「노인과 바다The Old Man and The Sea」를 쓴 어니스트 헤밍웨이Ernest Miller Hemingway는 서서 글을 쓴 것으로 유명하다. 그리고 헤밍웨이는 글을 쓰기 전에 연필을 아주 뾰족하게 온갖 신경을 다 써서 갈았다고 한다. 헤밍웨이가 당시에 허리를 다쳐 서서 글을 썼다는 말도 있지만, 실제로 서서 글을 쓴 사람은 헤밍웨이가 전부가 아니다. 「이상한 나라의 앨리스」를 쓴 동화작가이자 수학자였던 루이스 캐럴Lewis Carrol이나 버지니아 울프Virginia Woolf도 서서 글을 쓴 대표적인 인물이다.

미국이 낳은 최고의 과학자이자 발명가인 벤저민 프랭클린Benjamin Franklin은 알몸으로 글을 쓴 것으로도 유명하다. 게다가 그는 커다란 욕조에 들어가 아주 오랫동안 물의 흐름을 몸으로 느끼며 목욕을 즐겼다. 물 온도와 체온이 하나가 되고 머릿속은 저 먼 나라로의 여행으로 가득 찼다. 그는 천천히 욕조의 한 귀퉁이에 붙여놓은 소나무 판자를 당겨 글을 쓰기 시작했다.

영국의 시인 새뮤얼 존슨Samuel Johnson은 한 자리에서 25잔의 차를 마셨다. 프랑스의 소설가 스탕달Stendhal은 「파름의 수도원」을 쓰는 동안 아침마다 프랑스 법전 두세 페이지를 읽었다. 이제 서서히 육체의 감각이 이성과 감성에 연결되어 새롭고도 놀라운 상상의 세계를 만들어가기 시작한다.

프랑스의 극작가이자 소설가인 알렉산드르 뒤마Alexandre Dumas는 시는 노란색 종이에, 소설은 푸른색 종이에, 신문은 장밋빛 종이에 썼다. 가장 유명하면서도 대중적인 삶을 살았고, 화가로서 낭만주의 화풍의 선도자였고, 당대의 저명한 작가이자 정치가였던 프랑수아 샤토브리앙François Châteaubriand을 추앙했던, 그 또한 정치가이자 작가인 빅토르 위고Victor-Marie Hugo는 「레미제라블」을 알몸으로 쓴 것으로 더 유명하다.

이들이 한 것이 무엇일까? 이들은 왜 25잔이나 되는 차를 마시고, 발바닥에 쏟아지는 몸무게의 고통을 참아가며 서서 글을 썼던 것일까? 헤밍웨이는 왜 "편한 자세에서는 좋은 글이 나올 수 없다."고 했을까? 알렉산드르 뒤마는 왜 서로 다른 색깔의 종이에 글을 썼을까? 또 있다. 33살에 요절한 미국의 천재 시인 하트 크레인은 왜 시끄러운 파티장을 빠져나오자마자 타이프라이터로 달려가 시를 썼을까?

이들은 감각을 다스릴 줄 아는 사람들이었다. 감각은 육체다. 감각은 모든 것을 육체의 기준, 즉 '현재의 생존'으로 판단한다. 감각은 뇌에 새로운 자극을 끊임없이 주는 것이 임무지만, 결국에는 '현재의 생존'과 관계없는 것으로 대부분을 판단하고 잊고 만다. 뇌는 아무런 새로운 자극도 받지 못한다. 사람 대부분은 여기서 끝이다. "별로 새로운 것이 없군!" 그러나 이들은 새로운 정보나 자극을 전하지 못하는 감각을 용서하지 않았다. "계속 보고 듣고 느껴 봐!"

헤밍웨이나 빅토르 위고는 알몸인 상태에서 촉각을 다듬었다. 새뮤얼 존슨은 미각을, 하트 크레인은 청각을, 알렉산드르 뒤마는 시각을 다듬었다. 헤밍웨이가 연필을 뾰족하게 가는 것은 연필을 가는 것이 아니라 그의 촉각을 가는 것이었다. 이제 날카로워진 연필심 끝에서 피어오르는 감각과 이성이 하나가 된 소설의 춤사위가 보이기 시작한다. 이제 감각은 하나의 끈으로 연결된 이성이 되고 감성이 되고 놀라운 작품이 된다.

02

예술은 자연의 딸

"예술은 자연의 딸이다. 다른 예술가를 흉내내지 마라. 그렇다면 예술은 자연의 딸이 아니고 손녀가 되고 말 테니."

- 레오나르도 다빈치Leonardo da Vinci

전 세계에서 가장 익숙한 이름은 누구의 것일까? 그것은 아마도 레오나르도 다빈치Leonardo da Vinci일 것이다. 레오나르도 다빈치는 「모나리자」와 「최후의 만찬」을 그린 화가였고, 천문학자, 해부학자, 수학자, 건축학자, 조각가, 작곡가, 물리학자이자 철학자였다. 레오나르도는 1452년 이탈리아의 빈치에서 태어났다. 열다섯이 되던 해, 피렌체로 보내진 레오나르도는 아버지의 의지대로 화가의 공방에서 수습생으로 일했다. 그림을 배우면서 그는 스승을 놀라게 할 정도의 그림 실력을 보여주었다. 일화에 따르면 그 스승은 자기 제자가 그림을 훨씬 더 잘 그린다는 사실을 알고부터 다시는 그림을 그리지 않았다고 한다. 훗날 레오나르도 자신도 "스승을 능가하지 못하는 제자는 무능하다."라고 말할 정도였다.

서른이 된 레오나르도는 예술과 과학이 발달한 밀라노에서 스포르차 공작의 전속 화가이자 건축가이며 기술자로 17년 동안 머물게 된다. 여기서 레오나르도는 광학, 해부학, 천문학 등 다양

한 분야의 학문을 접하게 되고 많은 학자와 교류하게 된다. 밀라노에 있는 동안에는 산타 마리아 델레 그라치에 성당Church of Santa Maria delle Grazie에 「최후의 만찬」을 그렸다. 그가 그림을 그리는 모습을 본 사람들은 "레오나르도가 쉬지도 않고 그림을 그렸다."라고도 했지만, 때로는 "붓은 내버려둔 채 며칠을 보내기도 했다."고도 했다.

레오나르도는 과학에도 관심이 많아서 여러 가지 장치를 고안해내기도 했다. 현대의 기계로 표현하면 잠수함이나 증기기관, 습도계와 비행기 같은 것들의 설계도나 그림을 남긴 것을 보면 알 수 있다. 수차와 수문 같은 것도 직접 제작해서 영지를 관리하는 새로운 방법을 개발해 내기도 했다. 무엇보다 해부학에 관심이 많아서 30구가 넘는 시체와 동물을 해부했으며, 그것을 그림으로 남겼는데 이는 당시의 의학자들이 그린 것보다 훨씬 정교한 것들이었다.

레오나르도는 예순이 넘어 프랑스의 왕 프랑수아 1세를 알게 된다. 프랑수아 1세는 레오나르도가 할 수 있는 모든 것을 지원해주기로 약속하고 로마에서 그를 데려온다. 그는 이미 시작된 중풍으로 오른팔을 사용할 수 없었지만, 왼팔을 사용할 줄 알았던 그에게 큰 장애가 되지는 못했다. 왕을 위해 호화로운 연회를 준비하곤 했던 레오나르도는 수학 실험과 해부학에 몰두하다가 숨을 거두었다.

시간이 흘러 프랑스 학사원French Institute에서 관리되면 레오나르도의 문서들이 하나씩 하나씩 연구되면서 새로운 조명이 이루어졌다. 당시에도 가장 뛰어난 화가이자 해부학자였고 건축가이자 수학자였던 그가 역사상 가장 위대한 인물 중 하나였다는 사실이 확인된 것이다. 그는 몇 백 년 후에나 실현 가능한 증기기관이나 항공기를 상상에서 실제 세계로 끌어냈던 최초의 인물이었다. 더구나 이 모든 것들에 '미적 진실'을 부여했으니 놀랍지 않은가?

레오나르도 다빈치는 어떻게 하나도 이루기 힘든 학문 세계를 모두 섭렵할 수 있었을까? 그것은 레오나르도가 각 학문이 갖는 학문적 유사성과 고리를 파악하고 있었기 때문이다. 학문學問은 영어로 표현하면 'Learning'이다. 하지만 'Science'라고도 한다. 학문이 과학이기도 한 것이다. 두 단어의 실제적 의미로는 '학문은 감성적으로 인식된 세계를 이성적으로 해석하고 재인식하는 것'이지만, '과학은 합리적이고 논리적이고 이론적으로 세계를 파악하는 것'에 더 가치를 둔다. 어떻든 두 단어는 하나의 의미다. 레오나르도는 이 둘 사이의 끈을 파악했으며, 예술이라는 또 하나의 놀라운 도구를 활용할 줄 알았다.

이렇듯 레오나르도는 예술에 대한 습득력과 표현력을 모두 갖추고 있어서 인접 학문에 빠르게 접근할 수 있었다. 천문학에서 별을 관찰하는 것과 비교하면 레오나르도는 육안이 아닌 천체 망원경을 사용하는 것과 같았다. 그 표현에서도 마찬가지다. 그에게는 언어만큼이나 자유로운 그림 실력이 있었고, 이런 것들은 그의 상상력의 크기를 더욱 키웠으며, 표현의 크기를 키웠다. '예술'이 습득된 감성적, 이성적 지식을 전달하거나 표현하는 수단이 되어준 것이었다.

03

죽음을 초월한 수학

"알고 있는 것을 말하라. 해야 할 것은 반드시 하라. 가능성이 있는 것에는 항상 도전하라."

– 소피아 코발렙스카야Sofia Kovalevskaya

"부인, 우리는 부인께 다음의 사실을 알리는 영광을 안게 되었습니다. 학술원은 '한 고정점을 중심으로 한 강체의 운동에 대한 이론을 발전시킨 데 대해' 보르당상을 수여하기로 했음을 알려드립니다." 보르당상은 프랑스 학술원이 수여하는 가장 명망 있는 상 중 하나였다. 여기에 등장하는 부인은 러시아의 수학자 소피아 코발렙스카야다. 그녀가 상을 받게 된 '강체이론'은 이미 백 년 이상을 수학자들이 몰두했지만 해결하지 못한 과제였다.

쇠락해가는 러시아제국 장군인 아버지를 둔 소피아는 언니 아뉴따와 함께 프랑스어, 영어, 수학을 가르치는 가정교사를 두고 자랐다. 총명하고 수학에 놀라운 흥미와 재능을 보인 소피아는 아버지로부터 무척 사랑을 받았지만, 사방이 벽으로 둘러싸여 갇혀 산다는 생각에 휩싸이곤 했다. 러시아에서는 여자들을 잘 가르치지 않았고 아버지도 그녀를 가르치려 하지 않았다. 언니 아뉴따와 소피아는 이 벽을 허물고 나갈 방법을 찾기 시작했다.

그녀가 생각해낸 방법은 자신과 같은 생각을 하는 남자를 찾아 위장결혼을 해 외국으로 유학을 떠나는 것이었다. 오로지 자유와 학문을 탐닉하기 위해 소피아는 사랑하지도 않던 지질학도 블라디미르 바실리를 따라 독일로 건너갔다. 그녀의 성이 코발렙스카야가 된 이유다. 베를린대학에서 수학한 그녀는 이후 평생을 정치혁명과 수학 사이를 오가며 모든 열정을 쏟았다. 그런데도 프랑스 혁명에 투신한 언니 아뉴따가 위험에 처했을 때는 언니를 위해 구명 활동을 해야 했다. 또한, 남편 블라디미르가 빚더미에 앉아 쫓길 때는 빚쟁이들을 따돌리기 위해 안간힘을 써야만 했다. 그런 중에도 그녀의 머릿속에는 항상 정치혁명과 수학이 자리하고 있었다. 소피아를 둘러싼 모든 것이 치열했다.

소피아는 수학자로서 위대한 업적을 남겼지만, 소설가로서도 능력을 나타냈다. 1889년 크리스마스, 그녀의 어린 시절에 대한 회상록이 출간되었다. 이 회상록은 8개 언어로 번역되어 출간되었고 단번에 그녀를 유명작가의 반열에 올려놓았다. 이 회상록은 톨스토이의 유년시절 회상록과 비교되었을 정도다. 그녀의 글은 시적인 향기와 생동감이 넘쳐흘렀으며 시대상을 잘 표현해냈다. 어린 시절 수학 공식과 기호들에 매료되어 몇 시간이나 관찰하던 소피아의 모습과 정확히 일치했다.

그녀는 근대 유럽이 배출한 첫 여성 박사였고, 과학 저널의 여성 편집위원이었으며, 대학의 첫 여성 수학 교수이기도 했다. 그녀의 41년이라는 짧은 인생은 위대한 업적을 만들기에도 부족한 시간이었지만, 가장 뜨거운 감성과 열정을 담아낸 삶의 표본이기도 했다. 소피아는 불행한 결혼생활, 남편의 자살, 처음으로 마음을 열어 사랑한 남자로부터의 배신에도 수학에 대한 열정만큼은 꺼질 줄 몰랐다.

04

메릴린 먼로를 그린 사람

"나는 상업 예술가로 나의 경력을 시작하였고, 상업 예술가로 경력을 마치기를 원한다. 나는 누구든지 그림으로 그린다. 나에게 질문한 사람도 그림으로 그린다. 왜 사람들은 예술가를 특별하다고 생각하는가?"

– 앤디 워홀Andy Warhol

1926년, 노마 제인 모텐슨Norma Jeane Mortenson이 로스앤젤레스에서 태어났다. 불우한 어린 시절을 보냈지만, 사진모델을 한 것을 계기로 영화에 출연했고, 「나이아가라1953」에서 주연을 맡아 폭발적인 인기를 끌었다. 특히 그녀의 금발 머리, 파란 눈은 전 세계 남성들의 마음을 사로잡을 만했다. 세 번의 결혼 실패와 약물중독은 결국 그녀를 죽음으로 몰아갔지만, 아직도 그녀의 아름다움은 살아 숨 쉬고 있다. 그녀의 예명은 메릴린 먼로Marilyn Monroe다.

메릴린 먼로가 태어난 지 2년 후 그녀를 모델로 실크스크린 그림을 제작한 팝 아트의 제왕 앤디 워홀이 태어났다. 앤디 워홀은 카네기 멜론에서 수학하고 상업 예술가로서의 경력을 쌓아갔다. 초기에는 광고나 무대 디자인을 했고 연재만화를 이용한 실험 작품을 만들기도 했다. 첫 개인전에서는 캠벨 수프 깡통을 그린 작품을 비롯해 30여 점의 작품을 출품했다. 이 싸구려 깡통 그림은 순수미술계에 대한 커다란 도전이었다.

1962년, 메릴린 먼로가 죽자 약 3개월간 20여 점이 넘는 메릴린 먼로 그림을 작업했는데 실크스크린으로 제작해 색을 입혔다. 재미있는 것은 머리나 입술 등을 색이 바깥으로 번져 나오게 작업해 회화적인 느낌을 주려 했다는 점이다. 앤디 워홀은 이 작품을 통해 번지르르하게 덧입혀진 천박함에 대해 일갈하고자 했다. 메릴린 먼로 이외에도 엘리자베스 테일러Elizabeth Taylor나 엘비스 프레슬리Elvis Presley와 같은 인물을 계속 작업했는데 어쩌면 이 때문에 이들의 모습이 대중들에게 더욱 각인되었는지도 모른다.

앤디 워홀은 이외에도 플라워 시리즈나 죽음과 재난 시리즈, 사람들을 공격하는 경찰 등도 그렸다. 이렇게 많은 작품은 모두 그 시기의 정치와 사회상을 반영하고 있으며 이에 대한 그의 생각을 담아내고 있다. 앤디 워홀이 제삼자적 관찰자로서의 미술가 역할에 얼마나 충실했는가를 잘 보여준다. 특히 작품 대부분을 작업실이 아닌 그야말로 팩토리Factory라고 불리는 공장에서 조수들과 대량 작업을 통해 생산해냈다. 이것은 작품에서 예술가의 흔적을 완전히 지워버린다는 것을 의미하며, 자신도 대량생산 사회에서 그 일원으로 살아가고 있음을 증명하는 것이기도 했다.

앤디 워홀의 색깔은 분명했다. 그가 그린 메릴린 먼로의 색깔만큼이나 독특했고 그 시대의 아이콘이기도 했다. 앤디 워홀은 상업예술 세계를 개척하면서 그 위에 우리의 삶과 닮은 예술작품들을 만들어냈다. 본인조차도 자신의 예술 세계를 '세상의 거울'이라고 했다. 작품을 이렇게 만들어온 예술가는 없었다. 작품에 시대상을 담고, 질문을 담아내고, 대량생산하고, 자신의 손길마저도 지워버리는 예술가. 그의 목적대로 그는 성공한 상업 예술가였고 가장 화려한 색깔을 내면서도 모두에게 존경받는 그를, 우리는 '팝아트의 제왕'이라고 부른다.

05

알베르 카뮈의 스승

"펜은 마음의 혀다."

– 미겔 데 세르반테스Miguel de Cervantes

"길거리에서 이 조그만 책을 열어본 후, 겨우 그 처음 몇 줄을 읽다 말고는 다시 접어 가슴에 꼭 껴안은 채 마침내 아무도 없는 곳에 가서 정신없이 읽기 위하여 나의 방에까지 한걸음에 달려가던 그날 저녁으로 나는 되돌아가고 싶다. 나는 아무런 회한도 없이, 부러워한다. 오늘 처음으로 이「섬」을 열어보게 되는 저 낯모르는 젊은 사람을 뜨거운 마음으로 부러워한다."

장 그르니에Jean Grenier의「섬」의 서문에 등장하는 알베르 카뮈Albert Camus의 글이다. 도대체「섬」에는 무엇이 담겼기에 "뜨거운 마음으로 부러워한다."는 것일까? 도대체「섬」을 어떻게 담았기에 "그날 저녁으로 나는 되돌아가고 싶다."는 것일까?

"짐승들의 세계는 침묵과 도약으로 이루어져 있다. 나는 짐승들이 가만히 엎드려 있는 모습을 바라보는 것을 좋아한다. 그때 그들은 대자연과 다시 접촉하면서 자연 속에 푸근히 몸을 맡기는 보상으로 그들을 살찌게 하는 정기精氣를 얻는 것이다. 그들의 휴

식은 우리들의 노동만큼이나 골똘한 것이다. 그들의 잠은 우리들의 첫사랑만큼이나 믿음 가득한 것이다."

「섬」에서 섬에 닿기 바로 전, '고양이 물루'의 첫 부분이다. 25년 전 신촌의 작은 서점 구석에 몸을 묻고 가로와 세로가 비슷한 이상한 판형의 책을 집어 들고 내 호흡마저도 독서를 방해하는 것 같아 숨죽여 읽어 내려갔던 그 부분이다. "그들의 잠은 우리들의 첫사랑만큼이나 믿음 가득한 것이다." 외투 주머니를 뒤져 2,000원을 찾아냈다. 300원이 부족했다. 짧은 순간이었지만 머뭇거릴 수 없었다. 주인에게 달려갔다. 내일까지 나의 얼굴과 신념을 맡기고 책을 집어 들었다. 사람을 이렇게 만들 수 있는 글이 어떻게 아름답지 않을 수 있겠는가? 장 그르니에의 언어는 이렇게 내게 마법을 걸었다.

"이른바 불행한 존재들에 대한 연민 때문이라지만, 사실은 그 존재들의 비참한 모습을 눈으로 보지 않기 위하여 우리는 그들의 죽음을 바라는 것이다. 또 어쩌면 우리는 우리가 사랑하는 사람들의 고통을 당사자보다도 더 견디기 어려워하는 것인지도 모른다."

생각을 글로 바꾼 장 그르니에의 언어와 우리가 이해한 언어는 너무나 다르다. 그래도 다행인 것은 그 언어를 어느 정도 이해할 수 있다는 것이다. 그렇다면 이 글을 통해 만들어진 우리의 생각이 장 그르니에의 생각과 일치할까? 이 글을 읽은 많은 사람이 모두 같은 생각을 하게 될까? 그렇지 않다. 다차원으로 넓게 만들어진 장 그르니에의 언어 세계로 만들어진 「섬」을 평면 위에 만들어진 나의 언어로 해석하는 것조차 힘겨운 일이다. 이렇게 언어는 생각의 지평을 결정짓는다.

어떤 경우에는 언어가 너무나 확연한 이미지로 바뀌기도 한다. 사실 앞서 설명한 대로 언어가 다른 형태로 바뀔 수 있는 대상은 이미지 외에는 없다. 하지만 글이 선명하게 이미지로 되살아난다는 것은, 내 마음속 어딘가에 무언가 새로운 결정체가 만들어지는 것 같은 감각이 올라오는 것은, 그 글의 지평이 또한 나의 지평을 넓히고 있음을 반증하는 것이다.

06

마르셀 뒤샹의 본질

"사고라고 부르는 인지작용은 지각 너머의, 지각보다 상위에 있는 정신적 과정이 아니라 지각 자체를 이루는 본질적 요소다."

– 루돌프 아른하임Rudolf Arnheim

이성은 학습과 경험의 결과물이다. 학습과 경험의 대상은 외부 세계로부터 대부분 공급된다. 문제는 이것이 내가 만든 소재가 아니라는 점이다. 과거로부터 쌓인 것도 있고, 누군가에 의해 반죽이 되고 구워지고 잘려 접시에 담긴 것들이다. 그렇다고 나의 논리로 점검하지 않는 것도 아니다. 그런데도 거의 모든 학습과 경험의 소재, 즉 그 대상은 남들이 정해 놓은 규칙에 맞춰 내 좌측 머릿속으로 진입했다.

마르셀 뒤샹Marcel Duchamp의 작품 「계단을 내려오는 누드」는 계단을 내려오는 사람의 연속적인 하체의 움직임을 캔버스에 옮긴 그림이다. 그러나 제목이 '누드'지만 실제로 벌거벗은 몸을 그린 그림은 아니다. 이 그림은 앙데팡당전Salon des Indépendants에 출품하기 위해 그려진 그림이었는데, '정숙하지 못한 웃기는 그림'이라는 평가를 받으며 출품 기회를 얻지 못했다.

이 그림을 그리기까지 마르셀 뒤샹은 생리학자 폴 리셰Paul Richer

의 인체 스케치나 영국의 사진작가 에드워드 머이브리지Eadweard Muybridge의 연속동작 사진을 끊임없이 연구했다. 그리고 자신도 인체의 연속적인 움직임을 캔버스에 담아냈다. 예술가로서는 처음으로 삼차원의 움직임을 이차원의 캔버스에 담아낸 놀라운 그림을 창안해낸 것이다. 더 놀라운 것은 움직이지 않는 이차원의 공간에 움직이는 시간을 담아냈다는 점이다. 이렇게 몇 초간의 움직임이 평면의 캔버스에 담긴 것이다. 이 그림은 큰 반향을 불러일으키며 미술계를 놀라게 했다.

그런데 왜 이 그림의 제목에 '누드'가 붙었을까? 실제로 앙데팡당전에 출품했을 때는 이 제목도 논란거리였다. 마르셀 뒤샹은 계단을 내려오는 하체의 관절과 근육을 중심으로 그 움직임을 연속적으로 그렸다. 하지만 그는 그리고자 하는 관절과 근육을 제외한 나머지는 과감하게 삭제해버렸다. 그러니 '우스꽝스러운'과 같은 평가가 어쩌면 당연한지도 모른다.

한번 '누드'에 관해 생각해 보자. 누드는 '회화, 조각, 사진, 쇼 따위에서 사람의 벌거벗은 모습'이다. '사람의 벌거벗은 모습'을 계단을 내려오는 하체의 그림에서 발견할 수 있을까? 마르셀 뒤샹은 다른 부분들은 모두 생략하고 보고자 한 진실, 관절과 근육의 움직임만을 남겨 그렸다. 그렇다면 이것의 명칭을 '누드'가 아니고 무엇으로 칭할 수 있단 말인가? 그리고 이 그림의 이름으로 「계단을 내려오는 누드」보다 더 정확하고 좋은 이름은 도대체 어디에 있단 말인가?

인간의 이성은 무한한 노력의 산물이다. 그리고 지금까지 보지 못한 것을, 지금까지 존재하지 않던 새로운 것을 생각해내고 그것을 세상에 드러내주는 마법을 가졌다. 마르셀 뒤샹 이전의 회화는 움직이지 않는 한 순간만을 포착해 담아내는 이차원적 예술에 지나지 않았다. 그 벽을 넘어선 「계단을 내려오는 누드」가, 「계단을 내려오는 누드」를 그려낸 마르셀 뒤샹이 놀랍지 않은가? 인간의 이성은 천 년의 관념을 뚫는 물방울이다.

2004년 영국의 터너상Turner Prize 시상식에 참석한 500명의 미술계 인사들에게 가장 영향력 있는 미술작품을 선정하는 설문을 했다. 5위는 앙리 마티스의 「붉은 화실1911」, 4위는 파블로 피카소의 「게르니카1937」, 3위는 앤디 워홀의 「메릴린 먼로1962」, 2위는 파블로 피카소의 「아비뇽의 처녀들1907」이었다. 1위는 무엇이었을까? 1위는 마르셀 뒤샹의 「샘1917」이 선정되었다.

「샘Fountain」은 당시에 공장에서 만들어진 소변기를 좌대에 세우고 'R. Mutt 1917'이라고 사인을 한 것이 전부인 그런 작품이다. 게다가 사인조차도 자신의 사인이 아닌 소변기 제조업자의 이름과 비슷하게 만들어 붙인 것에 불과했다. 이 작품이 미국 독립예술가협회가 주최하는 앙데팡당전에 출품되었을 때, 예술품으로서의 가치를 인정할 수 없다며 전시를 거절당했다. 그런데 어떻게 이 작품이 가장 영향력 있는 작품이라는 것일까?

이 소변기를 좌대에 올려 작품으로 변신시킨 순간, 우리는 이것을 '소변기'라고 부르지 않는다. 용도조차도 소변기와 예술작품은 너무나 다르다. 마르셀 뒤샹은 예술작품의 범위를 '작가가 직접 만든 작품'에서 '이미 만들어진 산업제품'으로 끌어올려 확대한 것이다. 이 작품을 보는 순간 이 소변기를 '작품'으로 인지하지만, 곧 다른 의문에 빠진다. '무엇이 예술이고 무엇이 예술이 아니란 말인가?' 마르셀 뒤샹의 놀라운 발상은 예술의 경계를 단번에 허물고 무력화시켰으며, 예술의 영역을 무한의 스펙트럼으로 쏘아 올렸다. 이보다 놀라운 이성을 만난 적이 있는가?

07

두 개의 성조기

"모든 과학은 예술에 닿아 있다. 모든 예술에는 과학적인 측면이 있다. 최악의 과학자는 예술가가 아닌 과학자이며, 최악의 예술가는 과학자가 아닌 예술가이다."

– 아르망 트루소Armand Trousseau

월가의 대표적 헤지펀드인 SAC캐피털을 설립한 억만장자 스티브 코언Steve Cohen은 지난 20년간 연평균 30%에 달하는 수익률을 달성한 것으로 유명하다. 그의 회사가 손실을 본 해는 금융위기가 발발한 2008년 한 해였다. 그런 그가 펀드매니저나 경영자로서의 명성보다 미술품 수집가로서 더 유명한 것은 놀라운 일이다. 그가 수집한 그림 중에 제스퍼 존스Jasper Johns의 「깃발1954~1955」은 무려 1억 1,000만 달러에 사들인 그림이다. 이는 재스퍼 존스의 미국국기 연작물 중 하나다.

재스퍼 존스는 미국 조지아 오거스타에서 태어났다. 사우스캐롤라이나대학교에 다니기도 했으며, 뉴욕에서 미술을 공부했고, 한국전쟁에 참전하기도 했다. 임시직으로 일할 때도 있었는데, 지금은 전설이 된 팝 미술가 로버트 라우센버그Robert Rauschenberg와 친구로 함께 일했다. 또한, 작곡가 존 케이지John Cage나 마르셀 뒤샹과도 교류했다. 그의 천재적인 능력이 새로운 눈을 뜬 시기일 것이다.

「깃발」은 재스퍼 존스의 대표작이다. 이 작품은 성조기를 캔버스에 가득 그린 그림으로 당시에 보기에는 회화라기보다는 물건을 만든 것으로 보였다. 당시의 성조기는 지금의 성조기와 조금 다르다. 미국의 주를 나타내는 별의 수가 당시에는 50개가 아닌 48개였기 때문이다. 재미있는 것은 화판의 비례가 정확하게 성조기의 비율과 일치했으며, 캔버스 바닥을 콜라주한 신문지 조각으로 가득 채워놓은 후 그림을 그렸다는 것이다. 하지만 그림을 자세히 관찰하면 국기의 표면 질감을 아주 잘 살려냈다는 것 또한 발견할 수 있다.

이 그림을 두고 논란이 시작됐다. 우선, 제목이 왜 「깃발」일까? '성조기'라면 이해가 바로 될 것 같은 작품을 왜 「깃발」로 제목을 정했을까? 게다가 규격도 성조기의 규격 그대로 아닌가? 혹시 '애국심'을 배제하고 그냥 깃발로서의 성조기를 그린 것은 아닐까? 그렇다면 이 작품은 '성조기'인가, 아니면 '작품으로서의 그림'인가?

그림을 그린 방법은 납화법이라는 방법으로, 이 또한 논란이 되었다. 납화법蠟畵法, Encaustic은 밀랍을 가열해 물감과 혼합한 후 그림을 그리는 방법으로 보존성이 높아 로마 시대부터 활용되어

온 방법이다. 문제는 이 방법으로 성조기를 그렸으니 '성조기'보다는 '예술작품으로서의 그림'이 더욱 돋보였다는 점이다. 마치 일부러 논란을 가열하기 위해 만든 작품으로 보였을 것이다. 실제로 재스퍼 존스의 의도가 그랬다.

재스퍼 존스는 자신이 납화법을 사용한 이유에 대해 다음과 같이 설명해 더욱 논란에 불을 붙였다. "어느 날 커다란 미국 국기를 그리는 꿈을 꾸었어. 그리고는 다음날 재료를 사서 작업을 시작했지. 아주 오랫동안 정성을 들여 작업했지만, 그 그림은 썩어빠진 그림이었어. 가구에나 사용하는 가정용 에나멜페인트로 그렸으니 말이야."

천재 화가 재스퍼 존스의 숨은 의도를 다 알 수는 없다. 다만 그가 보여주고자 한 세계를 짐작하게 하는 중요한 요소 한 가지가 드러난다. 그것은 그가 「깃발」을 통해 던진 질문이다. "이 작품이 '성조기'인가, 아니면 '작품으로서의 그림'인가?" 둘 다. 재스퍼 존스는 지금까지 하나의 본질을 갖는 세계만 알던 사람들에게 두 개의 본질이 존재할 수도 있음을 보여줬다. 마르셀 뒤샹이 「샘」을 통해 '본질도 변할 수 있다'는 것을 보여준 것과 같다.

08

생각과 표현의 생김새

"우리가 지금 현재의 위치에만 얽매이지 않고 가능한 모든 위치에서 사물을 보려고 한다면, 즉 보편적으로 사물을 보기 시작하는 순간 우리는 다시는 단 하나의 관점에서 사물을 보게 되지 않는다."

– 피에트 몬드리안Piet Mondrian

반짝이는 생각들이 머릿속 시냅스를 따라 이동한다. 이쪽 시냅스에서 다른 시냅스로 이동하면서 뭔가 속삭인다. 그 속삭임은 다시 옆 시냅스를 따라 전달되어 저 먼 저장소에 접어둔 기억을 흔들어 깨운다. 기억은 말랑말랑하면서도 약간의 끈적임이 있는 마시멜로처럼 달콤한 향기를 퍼트린다. 이제 오른쪽 머리 한쪽에서 작은 떨림이 생겨나고 밀려오는 파도처럼 그 크기를 거대하게 키운다. 레코드판에서 나는 개미 소리가 확성기의 진동으로 변하는 것과 같다.

머릿속으로 만들어지는 세계는 어떻게 우리가 존재하는 실제 세계로 들어오게 될까? 수많은 생각의 조각과 기억, 감각들은 서로 부딪히면서 시냅스 속에서 뒤엉킨다. 그리고 머릿속에만 존재할 수 있는 세계로 탄생한다. 하지만 이건 관념 속의 그림에 불과하다. 마치 살바도르 달리Salvador Dali의 「기억의 지속1931」에 등장하는 흘러내릴 것 같은 시계와 같다.

이제 현실 세계에 생각의 모양을 만들어 꺼내놓아야 한다. 이때 생각의 모양을 만들 도구가 필요한데, 그 도구는 단 두 가지다. 하나는 언어이고 다른 하나는 이미지다. 언어는 글로도 표현할 수 있지만, 소리로도 표현할 수 있다. 이미지는 그림이 될 수도 있으며, 도형이 될 수도, 설계도가 될 수도 있다. 심지어 움직이는 영상이 될 수도 있다. 이제 이 둘을 조합해서, 그것이 아니라면 둘 중의 하나를 선택해서 머릿속에 만들어진 세계를 존재하는 현실 세계로 이동시켜야 한다.

먼저 이미지의 도구 중 하나인 색깔을 생각해 보자. 푸른 하늘을 그림으로 표현하고 싶은데 색각이상Color Blindness으로 적·녹·청 중에서 청색 원뿔세포Cone Cell가 기능을 제대로 하지 못한다고 가정해 보자. 과연 이 사람이 푸른 하늘을 제대로 표현할 수 있을까? 절대 불가능하다. 이 사람이 그린 관념의 세계에서 청색과 관련된 부분은 제대로 세상 밖으로 표현되어 나올 수 없다. 그리고 외부 세계의 다른 사람에게 자신의 세계를 제대로 이해시키기도 불가능하다. 이렇듯 이미지를 활용할 수 있는 한계는 세계와 소통하는 한계이기도 하다.

그렇다면 언어는 어떨까? 언어도 마찬가지다. 푸른 하늘을 글로 표현하는 경우를 생각해 보자. "가슴까지 파랗게 물들 것 같은 푸른 하늘"이라는 글을 써야 하는데, '파랗게'나 '푸른'과 같은 단어를 자신이 알지 못한다고 생각해 보자. 알지도 못하는 단어를 어떻게 글로 표현할 수 있겠는가?

반대의 경우는 어떨까? 표현하는 경우가 아니라 이해하는 쪽으로 바꿔보자. 다른 사람이 표현한 세계를 내가 이해할 수 있는가를 생각해 보는 것이다. 누군가 '바이오시밀러Biosimilar'라는 표현을 사용했는데, 이 단어를 처음 듣는다면 어떨까? 전체 문맥 속에서 단어의 의미를 대략 유추할 수는 있겠지만 정확한 이해는 불가능하다. 이미지로 표현된 위대한 미술가들의 작품세계를 우리가 쉽게 이해하지 못하는 것과 같다.

언어와 이미지의 한계는 자신이 표현할 수 있는 한계다. 이것은 또한 자신이 외부 세계를 이해하는 한계이기도 하다. 아무리 위대한 상상력으로 만들어진 세계라 하더라도 머릿속에서 세상으로 나오지 못하면, 누군가 표현한 세계를 자신의 언어와 이미지로 이해하지 못하면, 세계와 자신은 그만큼 단절된다. 이것이 언어와 이미지의 크기를 키워야 하는 이유다. 특히 자신의 세계를 언어와 이미지로 표현하는 것보다 중요한 것은, 다른 사람들의 언어와 이미지로 표현된 세계를 그들의 언어와 이미지로 이해하는 능력을 키우는 일이다. 이것이 세계와 소통하는 힘을 키우는 가장 빠른 길이다.

09

잃어버린 시간을 찾아서

"진정한 발견이란 새로운 땅을 찾는 것이 아니라, 새로운 눈을 갖는 것이다."

– 마르셀 프루스트Marcel Proust

감각은 감성에 의해 빛이 난다. 감각이 감성과의 교류를 통해 상승작용을 일으킨다는 의미다. 감성이 감각과 결합하면 보이지 않던 것들이 보이기 시작하고, 들리지 않던 것들이 들리게 된다. 무엇보다 피부가 예민해져서 피부로 전해지는 소리와 기운의 변화와 심지어는 공기의 무게도 감지할 수 있게 된다. 이런 예민하고도 예리한 감각은 어떻게 생겨나고 유지되는 것일까?

감성에 의해 자극받은 감각은 기억에 담긴다. 그 기억은 다시 감각으로도 나타나고 감성으로도 나타나며, 감각과 감성에 새롭게 영향을 미치기도 한다. 마르셀 프루스트의「잃어버린 시간을 찾아서1913~1927」는 7부작으로 구성된 수천 쪽에 달하는 방대한 분량이다. 1부에 해당하는 원고를 받아본 출판인은 다음과 같이 반신반의하는 말을 했다고 한다. "나는 아주 멍청한지 모른다. 하지만 내가 이해할 수 없는 것은 한 신사가 잠들기 전 침대에서 이리저리 뒤척이는 장면을 묘사하기 위해 30쪽이나 사용할 수 있는지 하는 것이다."

「잃어버린 시간을 찾아서」는 시간과 망각과 감각과 기억에 관련된 소설이다. 프루스트가 말하는 기억은 '기억력'과 같은 것이 아니다. 아무런 예감도 없이 갑자기 떠오르는 것이고, 이것은 감각의 자극을 동반한다. 소설에 나오는 라일락 냄새와 같은 것들이다. 이것은 연상작용을 통해 새로운 세계로 나를 몰아넣는다. 여기서 발생하는 것은 행복이나 불행과 같은 감성적인 느낌도 있고 아름다움이나 예술적인 영감도 있다.

1부에 등장하는 마들렌 과자와 보리수 꽃차는 미각에 숨겨졌던 놀라운 과거의 기억을 되살려낸다. 이성의 의식에서는 전혀 기억하지 못했던 유년기의 기억들이 되살아난 것은 마들렌 과자가 혀에서 맛으로 느껴져 퍼지는 동안, 정말 순식간에 일어난 일이었다. 그 과거의 의식은 순간적으로 현재와 과거를 연결해주는 또 다른 경험을 만들어냈다.

이성의 기억은 주로 좌뇌에 저장되고 의지에 의해 자유롭게 꺼낼 수 있다. 하지만 감각과 연결된 기억은 주로 우뇌에 저장되고 특별한 자극으로 기억이 되살아난다. 프루스트가 마들렌 과자와 얽힌 유년의 기억이 되살아나는 과정이 그것이다. 이것은 잃어버린 시간이고 잃어버린 기억이다.

프루스트는 또 다른 감각을 말했다. 그것은 앞서 말한 과거와 현재가 합쳐지는 느낌이다. 수면 아래로 완전히 잠기어 나타나지 않던 기억을 수면 위로 순식간에 들어 올린 것은 마들렌 과자의 맛이었다. 그러니까 현재의 맛이 과거의 맛에 연결되면서 우뇌의 기억을 되살려낸 것이다. 그러면서 그 과거의 시간이 현재 느끼는 맛의 시간과 연결되면서 또 다른 감각을 만들어낸다. 과거가 현재와 하나가 되는 감각 말이다. 프루스트는 어떻게 이성의 기억이 아닌 기억을 알아냈을까?

10

가장 높이 나는 새에 관하여

"가장 높이 나는 새가 가장 멀리 본다."

– 리처드 바크Richard Bach

더 높이 날고 싶은 갈매기, 먹이가 아닌 비행 그 자체를 통해 자신을 완성하고자 하는 갈매기. 미국의 소설가이자 비행사인 리처드 바크의 「갈매기의 꿈1970」에 등장하는 갈매기 조나단 리빙스턴Jonathan Livingston Seagull이다. 조나단은 모든 존재가 자신의 한계를 뛰어넘는 초월적 능력을 갖추고 있으며, 그것을 꿈으로 만들어야 한다고 생각하고 증명해낸다. 조나단은 아마 우리 자신일 것이다.

16살, 고등학생이었던 리처드 바크의 아들 제임스 바크James Bach는 그야말로 문제아였다. 학교에는 관심도 없던 그에게 아버지 리처드 바크는 '스스로 배울 방법을 찾을 것'을 권했다. 제임스 바크는 학교를 중퇴하고 컴퓨터 게임 프로그래머로서 활동하며 실력을 쌓아갔다. 그러던 20살의 리처드 바크에게 기회가 찾아왔다. 애플이 테스팅 매니저를 제안한 것이다.

'탐색적 테스팅'을 창안해 세계적인 명성을 얻은 제임스 바크지만, 그에게 고등학교 졸업장은 없다. 그렇다면 그가 성공한 비결은 뭘까? 아이러니하게도 그것은 '학습'이다. 그가 말하는 학습은 정규 학제를 통해 배울 수 있는 학습이 아니다. 그가 말하는 학습은 자신이 진정 원하는 것을 파고들어 스스로 배우는 학습이다. 제임스 바크의 학습은 '열정'이 키워드다.

그런 그의 학습법에서 가장 중요한 핵심 메시지 세 가지는 이것이다. 첫째, 내게 필요한 진정한 주제에 집중하는 것이다. 내게 필요한 주제를 학습하기 위해 도서관, 인터넷, 전문가를 마다치 않는다. 이렇게 모은 정보와 지식은 걸러지고 스토리로 재구조화된다. 필요하다면 실험을 통해 실제로 그런 것인지 증명해 본다.

둘째는 자신의 사고에 날개를 달아줄 놀라운 친구를 곁에 두는 것이다. 똑똑한 친구를 곁에 두는 것은 사실 어려운 일이다. 때로는 서로 맞서기도 해야 하고, 서로에게 조력자가 되어 주기도 해야 하기 때문이다. 그리고 그 친구와 수평적 관계가 되어야만 관계를 유지할 수 있다. 한 가지 명심할 것은 그 친구의 나이는 별로 중요하지 않다는 점이다.

마지막은 때때로 자신을 놓아주는 것이다. 아인슈타인이 문제가 해결되지 않아서 머리가 아플 때면 바이올린을 들고 무아지경에서 연주했던 것과 같다. 아인슈타인은 이럴 때 놀라운 아이디어가 솟아오른다고 했다. 그리고 그 순간 새로운 무엇인가를 할 동기와 에너지가 발생한다고 했다. 제임스 바크가 말하는 것이 이것이다.

제임스 바크든 지금까지 살펴본 놀라운 사람들이든, 이들의 학습에 관한 공통의 메시지 한 가지는 '즉시', '바로 지금'이다. 궁금한 것이 있다면 '지금 즉시 학습하라'는 것이다. 지금 하지 않는다면 하지 않는 것과 크게 다르지 않다는 것이다. '지금' 궁금한 것을 어떻게 '나중에' 해결한다는 말인가? 과연 '나중에'를 생각한다면 여기에 제임스 바크가 가장 중요하게 생각한 '꿈에 대한 열정'이 있다고 말할 수 있겠는가?

평생을 갈매기처럼 날고자 했던 리처드 바크가 비행기 추락 사고를 당했었다. 제임스 바크는 아버지가 회복하기를 기원하면서 이렇게 말했다. "아버지는 자아를 찾는 것이나 철학하는 것조차 비행 기술과 연결해 말했고 비행을 종교처럼 생각했다. 아버지가 다시 회복하더라도 비행기를 탈 수 없다면 큰일이다."